Pasos
que dejan
huella

Josafat González

Prólogo de César Lozano

Pasos que dejan huella

Diseño de portada: Óscar O. González
Fotografía de portada: © Blanca Charolet

Fotografías de interiores: Archivo personal del autor

© 2015, Josafat González

Derechos reservados

© 2015, Editorial Planeta Mexicana, S.A. de C.V.
Bajo el sello editorial DIANA M.R.
Avenida Presidente Masarik núm. 111, Piso 2
Colonia Polanco V Sección
Deleg. Miguel Hidalgo
C.P. 11560, México, D. F.
www.planetadelibros.com.mx

Primera edición: agosto de 2015
ISBN: 978-607-07-2872-3

Impreso en los talleres de Litográfica Ingramex, S.A. de C.V.
Centeno núm. 162-1, colonia Granjas Esmeralda, México, D.F.
Impreso y hecho en México – *Printed and made in Mexico*

ÍNDICE

PRÓLOGO

No cabe duda que la felicidad que tanto anhelamos no implica tener la vida perfecta, ya que todos somos imperfectos y la vida no es ni será siempre justa. Fácilmente caemos en la tentación de creer que para encontrar la felicidad debemos tener todo materialmente hablando. Sin embargo, ¿cuántas personas conoces que tienen muchos bienes materiales, además de una familia y personas que los aman y aún así, no son felices? Siguen en la búsqueda incansable de ese tesoro que creen tan lejano y en realidad está dentro de cada uno de nosotros.

Al leer este libro y conocer a fondo la historia de mi amigo Josafat recordé que la verdadera felicidad se finca en aceptar nuestra realidad, misma que muchas veces no podemos cambiar, pero sin caer en el lamentable conformismo o la mediocridad en la que viven millones de personas. No estamos exentos de sufrir adversidades, ya que la vulnerabilidad nos acompaña por siempre y en cualquier momento nuestros planes y la vida pueden cambiar radicalmente.

Josafat se autodefine como optimista, alegre y, sobre todo, terco. Afirma ser un hombre al que no le gusta llevar sobre los hombros preocupaciones, rencores ni culpas, características que afirman quienes lo conocen desde la infancia. Él disfruta intensamente cada instante, cada momento y sin duda poseer esa personalidad fue una pieza fundamental para sobrevivir y superar el terrible accidente que sufrió y donde se puso a prueba su voluntad.

Josafat pudo haber caído en la depresión preguntándose una y otra vez por qué bajó de ese tren, cómo unos simples segundos se convirtieron en cruciales para cambiar el rumbo de su vida. Sin embargo, él acepta con valentía las consecuencias de sus acciones y la tristeza nunca estuvo en su repertorio de sentimientos durante su proceso de rehabilitación.

La llamada *capacidad de adaptación* juega un papel fundamental en la superación de las crisis, ya que como él, miles de personas nos han demostrado que aún en la adversidad mantienen una actitud positiva. En el caso de Josafat, su situación asombró a médicos, voluntarios y amigos que estuvieron cerca durante esta increíble historia.

Los lectores –quienes a través de este libro nos convertimos en testigos de este suceso– nos preguntamos: ¿cómo le hace Josafat para tener tanta valentía? ¿De dónde saca la fuerza para salir adelante? ¿Cómo mantuvo la esperanza a pesar de los pronósticos sombríos y el pesimismo de "especialistas" que, de forma por demás cruel, trataron de convencerlo de que jamás podría caminar? Y la pregunta más fuerte es: ¿Cómo hubiera reaccionado yo ante esta situación? Estoy convencido de que el amor incondicional de sus padres y hermana, las personas que considera un ejemplo a seguir, fueron de gran apoyo, pero sobre todo su forma de ser y la *decisión* de luchar por su vida y sus sueños.

Al leer este libro recordé que ser feliz no se trata de estar siempre alegres y sin problemas –lo cual es prácticamente imposible–, sino de actuar y trabajar en pro de nuestra propia felicidad cambiando hábitos y pensamientos arraigados que traemos desde la infancia.

Pasos que dejan huella es un verdadero estímulo para fortalecer la voluntad en quienes no creen en los milagros. Se requiere de voluntad y una fe inquebrantable para enfrentar la adversidad, características que Josafat nos demuestra a través de su relato. El autor nos recuerda que lo contrario al éxito no es el fracaso, sino la mediocridad, y la gran diferencia entre la gente mediocre y quienes toman la riendas de sus vidas radica en su capacidad de aceptar las decisiones tomadas, buenas y no tan buenas. De todo aprendemos y en muchas ocasiones las lecciones son muy dolorosas y los procesos de aprendizaje son muy amargos, sin embargo, es parte de la vida.

Entendamos de una vez por todas que la vida no es ni será siempre justa, que a los buenos y dedicados no siempre les va bien y que la gente no siempre será como deseamos. Decide lo que creas conveniente y lucha intensamente por esa opción agregando el cien por ciento de tu entusiasmo o pasión en esa decisión.

Las comparaciones pueden ser consideradas odiosas, con excepción de historias de superación cómo ésta, ya que siempre serán una excelente estrategia para sobrellevar nuestras propias adversidades.

Gracias, Josafat, por recordarme que la actitud es un factor decisivo en todo y deseo para ti, apreciable lector, que en cada página de este libro se renueve esa fuerza de voluntad para salir adelante a pesar de la negatividad de quienes te rodean. Deseo de todo corazón que los caminos se abran, que la iluminación y sabiduría esté siempre contigo y que aceptes con fortaleza y responsabilidad todas tus acciones.

CÉSAR LOZANO

1

CUANDO LA VIDA TE PONE OBSTÁCULOS

Soy responsable de lo que pasó; entre más rápido podamos hacernos responsable de nuestros actos, más pronto podremos resolver los problemas.

JBGA

Creo que mi vida no tiene límites y quiero que tú sientas lo mismo sin importar cuáles sean tus retos.

NICK VUJICIC

A veces la vida te pone obstáculos sólo para superarlos. Y entonces esas dificultades que debemos vencer son precisamente las que te sujetan y dan sentido a tu vida. En mi caso, el destino me puso a prueba una madrugada del verano de 2005. Encaré a la muerte y la abandoné a su suerte en las vías de un tren. Pagué mi audacia con sangre y una parte de mí, pero este accidente me hizo descubrir que no hay límites cuando tu mente, tu voluntad, tu espíritu y tu corazón se proponen algo.

Me llamo Josafat Baldomero González Armendáriz, pero mis amigos y familiares me conocen simplemente como *Josa*. Nací en Monterrey, Nuevo León, el 2 de junio de 1982. Soy el hijo mayor de Baldomero González y Amanda

Armendáriz, una pareja de regiomontanos que decidieron estar juntos desde hace 39 años.

Soy un adulto como cualquier otro, trabajo como administrador ocho horas al día, tengo una esposa y una hija a las que amo y son el centro de mi vida. Soy seguidor de *Los Rayados* de Monterrey y espero que pronto sean campeones. Veo televisión, me gustan los videojuegos y últimamente me clavo muchísimo en el *iPad*. Me gusta la tecnología. Soy vanidoso pero visto con un *look* desenfadado y siempre uso bermudas porque me interesa que me vean como soy. Algo que disfruto muchísimo es comer. Mi platillo favorito son las pizzas. Me gusta salir con mis amigos y procuro destinar un día a la semana para estar con ellos y los fines de semana con mi familia.

Un día habitual en mi vida incluye levantarme temprano, ponerme mis piernas, llevar a mi hija a la escuela y después ir a casa de mis papás para asistir a mi trabajo. Si no tengo junta o alguna entrevista, regreso a casa a las cinco o seis de la tarde. Al llegar veo televisión con la niña, jugamos un rato y después cenamos para irnos a dormir.

Mis piernas, unas prótesis robóticas, requieren sus cuidados. No debo subir mucho de peso para que no se desajusten. Hay que limpiarlas periódicamente para que no huelan mal y mis rodillas no pueden mojarse pues podrían descomponerse.

Además de mi trabajo, dedico un tiempo importante de mi quehacer diario a una fundación de la que ya les contaré más adelante con amplitud. Realmente este es un proyecto que constituye un gran motor en mi vida; es una labor social que me ha retribuido cosas maravillosas y por la que tengo mucho que trabajar. Estoy convencido de que no hay nada más hermoso que ayudar al prójimo.

Cuando la gente, extrañada, me pregunta con curiosidad de dónde salió esa fuerza que inexplicablemente tuve para superar en muy poco tiempo una situación extrema y grave que a la mayoría podría parecerle como una "tragedia", me remito de nuevo a mi niñez, a esa etapa feliz de mi existencia donde probablemente surgieron todos los elementos que me han ayudado a llegar hasta donde estoy ahora.

Mi infancia, como mi memoria permite recordarla ahora, transcurrió sin sobresaltos y fue muy parecida a la de cualquier niño ordinario. Como todo pequeño, mis actividades principales consistían en ir a la escuela y ser feliz. Era muy juguetón y alegre. Creo que sigo siendo un poco como entonces. En el colegio siempre fui un estudiante dedicado y aunque si bien no me distinguía por ser un alumno de excelencia, cumplía cabalmente con mis deberes académicos.

Mi mamá me cuenta que siempre intentaron propiciarme una niñez bonita porque fui un hijo muy deseado y esperado, pues nací cuando mis padres ya tenían seis años de casados. De ahí en adelante estuvieron siempre pendientes de mí, alegrándome los días, rodeándome de todo lo que necesitaba y, sobre todo, se ocuparon de proporcionarme un bienestar afectivo.

Cuando alguien le pregunta, mi madre cuenta que fui un niño travieso, inquieto y alegre, pero sobre todo, muy terco. La necedad es una de mis características. Se refiere a mí como a un *güerco* muy positivo, "buena onda"; de esos muchachitos que las mamás llaman un "niño sano". Me describe siempre como un "niño bueno", un buen hijo.

Me gustaba mucho quedarme en casa y disfrutar mis juguetes. No fui de los niños que les gustara ver futbol; este deporte comenzó a interesarme hasta los 12 o 13 años, cuando entré a la secundaria y me di cuenta que no era un mal jugador, pues me ayudaba mi complexión delgada y tenía muy buena velocidad. Pero siempre me gustó más jugar con mis muñecos, con aviones, carros y ver caricaturas en la televisión. Estaban de moda las *Tortugas Ninja* y me entusiasmaba jugar *Nintendo*.

Hasta la edad de 4 años, viví en una colonia en San Nicolás. La que ahora es mi oficina fue también la primera casa que adquirieron mis padres. Recuerdo que de esa casa, mi cuarto era lo que más me gustaba. Dormía en una cama individual y cuando crecí compré una matrimonial. Tenía televisión, mi *Xbox* y mis juegos. También me servía como estudio. Luego nos mudamos a otra casa que compraron mis papás y ahí permanecí hasta que cumplí 28 años.

Nunca tuve algún pasatiempo en particular ni coleccionaba nada. Sin embargo, me gustaba hojear revistas de autos, escuchar resúmenes y leer revistas deportivas. Mi cuarto estaba decorado con imágenes de camisetas de equipos del mundo.

Cuando me aficioné al futbol en la secundaria, ya era un chico ágil y veloz y contaba con buena condición. Comencé a jugar en algunos equipos y participar en diferentes torneos en mi época de preparatoria y universidad y un par de días antes del accidente en el tren de Italia, había jugado con mis compañeros de viaje en la playa de Barcelona, en España. Aún conservo ese balón.

Como a los 16 años empecé a manejar una camioneta Chevrolet Cheyenne modelo 1990. Un auto que me trae muchos y muy buenos recuerdos, ya que cuando me la dieron no me gustaba tanto y además, algunos de mis compañeros traían mejores carros, pero fue una manera de aprender que no siempre podemos tenerlo todo y que para todo hay un tiempo. Entonces aprendí a apreciar más las cosas y más adelante pude adquirir mejores autos.

Pienso en el apoyo incondicional de mis padres y descubro que gracias al esfuerzo que ellos hicieron para enseñarme a sostenerme siempre, es que he concebido la vida como un sendero diáfano. La verdad es que no tenía mayores miedos, ni de niño, ni de adolescente ni como estudiante egresado de la universidad. Prácticamente me dediqué a crecer sin temores ni frustraciones que atentaran contra mi bienestar. Por ello, no me equivoco cuando aseguro que mis padres y mi familia fueron los encargados de sentar las bases que me permitieron, más tarde, ser capaz de procurarme mi propia felicidad. La conformación de mi carácter viene de ellos. Tengo muy presente su manera transparente de ver y percibir las cosas. Incluso, describiría esta sencillez como una especie de ligereza. Mis padres no son personas complejas; al contrario, son gente franca, directa y viven con naturalidad y alegría.

Con el paso de los años, sobre todo ahora que tengo una hija, he intentado también recordar a mis padres en su labor como educadores y caigo en cuenta que ni en su lenguaje ni en sus preocupaciones existía lo que ahora llaman "inteligencia emocional". Creo simplemente que es un concepto y un modelo que ellos intuyeron y me transmitieron empíricamente.

Con la edad veo reflejadas en mí muchas características de mis padres. También yo me asumo como un hombre ligero. Y no me refiero a que me falte en peso una parte de mi cuerpo, sino a que desde hace diez años no cargo nada que entorpezca o dificulte mi camino; no me gusta llevar en hombros preocupaciones, rencores o culpas. Trato de resolver todo de inmediato y dar salida a aquellas cosas que me incomodan. ¿De qué nos sirve llevar a cuestas losas pesadas que nos entorpecen e impiden andar livianos, caminar ligeros y en paz? Si nos detenemos a mirar hacia atrás, no podremos avanzar; no estaremos en condiciones para seguir adelante.

Ante una dificultad o ante la adversidad, mucha gente permanece quieta, se paraliza. Quedan impedidos para continuar su camino porque las cargas que llevan encima, llámense culpas, rencores, odios, responsabilidades reales o mal asumidas, o como quieran decirles, los hunde en la pasividad, en la inacción, en una inmovilidad que no les permite ir más allá. Sin embargo, creo que cada fracaso, cada obstáculo o negativa conlleva algo más importante: son aprendizajes. Incluso los fracasos significan conocimiento, constituyen experiencias que de otro modo estaríamos impedidos de adquirir.

Hay quienes se confunden al intentar darle un significado al fracaso. Piensan que es lo opuesto al éxito, pero desde mi perspectiva están en un error. Lo contrario al éxito es la mediocridad. Cambiar este pensamiento es asumir que las crisis, obstáculos y transiciones son oportunidades que dependen enteramente de nosotros, y en esa medida, también está en nosotros mismos aprovecharlas o no.

No hay nada más fuerte que la voluntad. La voluntad te lleva a no rendirte jamás, a avanzar siempre hacia adelante, a ver los obstáculos y barreras como retos que nos desafían para ver qué tanto estamos dispuestos a hacer para salir avante de nuestras dificultades y a considerar que el camino más largo para superar nuestros conflictos es el que aún no se ha intentado.

La fuerza de voluntad y el carácter fuerte pero tierno y determinante de mi padre, su decisión de no darse por vencido hasta lograr sus objetivos, es también otra de las muchas enseñanzas que recibí en mi infancia. Son de esos aprendizajes que perduran por siempre, que forman parte de mi personalidad y me dan fuerza y seguridad para continuar con lo que me proponga en la vida.

BALDOMERO Y AMANDA

Mis padres se conocieron en la casa de mi mamá. Él era mecánico y un día lo llamaron para arreglar un auto en el domicilio de mis abuelos. De inmediato se sintió atraído por Amanda. Quedó tan interesado en ella que, incluso en contra de sus principios, Baldomero se esforzaba para que el carro no quedara bien y tuviera entonces otras oportunidades para regresar a esa casa y verla otra vez.

No pasó mucho tiempo para que el esfuerzo y tenacidad de quien sería mi padre fructificara. Ya lo dice el refrán: "El que persevera, alcanza". Comenzaron su noviazgo hasta casarse en 1976. Desde entonces están juntos.

Es común que se diga que la población del norte del país, y particularmente la de Nuevo León, se caracteriza por su empeño inquebrantable y por una voluntad que no cede fácilmente. Nos consideran como personas con una capacidad de trabajo que parece incansable, gente imaginativa, noble, franca, sincera y amable. Sobre todo, reconocen en nosotros a personas esforzadas, con unas inmensas ganas de superarse. Sin caer en una falsa modestia, creo que todo eso es cierto. Mis padres son eso y mucho más.

Baldomero y Amanda son de esos norteños, de esos regiomontanos, a quienes les cuadra a la perfección la etiqueta aquélla de que son producto de la "cultura del esfuerzo". Cuando se conocieron, quien después sería mi madre trabajaba como secretaria administrativa, pues había egresado de la carrera de Asistente de Contabilidad. Luego de casarse, renunció a su empleo y junto con su marido dieron forma a un negocio de transportes. En ese entonces contaban sólo con un camión, pero les sobraba iniciativa y empuje. Mi papá se dedicaba a conseguir clientes; ella era la encargada de los números y la contabilidad de lo que constituyó nuestro negocio y sustento familiar. Incluso, este proyecto es todavía la base de nuestro patrimonio.

Al día de hoy, esta empresa especializada en el transporte de maquinaria pesada y acero y creada por una pareja visionaria e imaginativa, cuenta con una flotilla de más de 10 camiones y se encuentra muy bien posicionada en su ramo. Es una iniciativa y negocio que materializa los sueños y el esfuerzo de dos auténticos emprendedores, aunque como todo lo que vale la pena, no ha sido un trabajo sencillo.

Todavía recuerdo que cuando era niño, mi papá llegaba de su trabajo y jugaba conmigo y con mi hermana. Siempre estaba alegre y como en muchos hogares mexicanos, a él le correspondían las tareas de otorgar permisos y regañarnos si lo consideraba necesario.

Pero en 1994 las cosas cambiaron dramáticamente. Debido a la crisis económica que acompañó al cambio de gobierno en nuestro país, el tristemente recordado "error de diciembre", la empresa familiar pasó por uno de sus peores momentos. Aún hoy nos causa tristeza evocar los días en que no teníamos dinero ni para comer. Las deudas y preocupaciones se multiplicaron y parecía que no superaríamos la situación.

Afortunadamente, el tiempo, la voluntad de mis padres y su trabajo incansable y redoblado sirvieron para dejar atrás ese periodo. Sin embargo, sus secuelas todavía nos acompañan. A raíz de esta etapa tan complicada, Baldomero, aunque nunca dejó de ser un excelente padre, pasó de ser un papá muy cariñoso a una persona un poco más distante.

Es un hombre recto, leal y un poco terco, cualidad que nadie duda que heredé. Tiene un grupo de conocidos con quienes se reúne para tomar café, y desde hace unos años aprendió a pilotar aviones, lo que se convirtió en su única afición pues no suele beber alcohol y lleva una vida muy tranquila y moderada. Le gusta volar, tiene un avión ultraligero y a veces salía muy temprano a planear con sus amigos. Disfrutaba mucho su pasatiempo, aunque a mí en lo personal no es algo que me llame la atención.

Desgraciadamente, hace unos meses sufrió un accidente en el que de milagro sólo presentó algunas fracturas, por lo que es probable que tenga que dejar su afición, al menos por un tiempo. Aunque no es un hombre viejo, su edad comienza a ser un obstáculo para un deporte de alto riesgo como es el vuelo de ultraligeros.

Cuando mis padres se enteraron de mi accidente en Italia, él fue el más afectado. Mi mamá nos contó que le dolió muchísimo saber que me encontraba tan mal. Durante las largas horas de camino al hospital en Europa donde yo estaba internado, se reprochaba el hecho de haber permitido que me fuera, pues en su momento no quería que me marchara de viaje. Era tanto su dolor, que mi madre temió por su salud al pensar que podría infartarse en cualquier momento, pues lo veía muy mal. Pero al reunirnos nos convencimos de que si nos apoyábamos entre todos, pronto cambiarían las cosas.

—Papá, dame un año y te aseguro que podremos retomar nuestros planes —le dije cuando por fin pude hablar con él.

Su apoyo, solidaridad, cariño y generosidad me sirvieron de sostén en una etapa incierta que apenas comenzaba. Y siempre al lado de mi padre está mi madre, el otro soporte en mis momentos difíciles.

Amanda es una mujer cálida y muy cuidadosa. Sin caer en la sobreprotección, como la madre cariñosa que es, su mayor deseo sería que nada les ocurriera a sus hijos. Y pese a que en su momento tanto mi hermana como yo decidimos tomar nuestros propios caminos, siempre se preocupa por nosotros y por nuestro bienestar.

Como muchas mujeres con hijos, a veces es un poco rígida respecto a las tareas de la casa y no le gusta salir mucho. Únicamente va con sus amigas a estudiar la Biblia, toma clases de meditación, cada viernes reza el rosario y le gusta hacerle compañía a mi abuela. Además de nuestra relación fraterna, somos colegas en el trabajo, pues llevamos entre los dos la administración y el manejo óptimo de los recursos de la empresa familiar.

MI INFANCIA

La infancia feliz que tanto disfruté la compartí con Amanda, mi única hermana, dos años menor que yo. Aunque de pequeños recuerdo que no éramos muy unidos, en la actualidad nuestra relación es excelente. Nos unimos con el tiempo.

Nos llevamos muy bien, hablamos por teléfono todos los días para saber cómo estamos o para comentar cualquier cosa o tontería. Cualquier pretexto siempre es bueno para ponernos en contacto. Además, es la madrina de mi hija y siempre está interesada en saber lo que le enseñaron en la escuela, en las cosas que aprende día con día. Está muy al pendiente de su desarrollo.

Mi hermana Amanda es una mujer muy inteligente y exitosa en su actividad profesional. Estudió Derecho en el Instituto Tecnológico y de Estudios Superiores de Monterrey y una maestría en la New York University (NYU). Es abogada corporativa. Después de casarse se fue a radicar con su esposo a Nueva York, a finales de 2009. Vivieron ahí por un tiempo, pero ahora tienen su casa en la ciudad de México. Me ayuda cuando lo necesito e invariablemente sé que puedo contar con su apoyo en todo lo que hago. Pese a no ser tan cercanos cuando niños, con la edad eso cambió para bien.

La familia la complementan también algunas personas que, a pesar de no compartir lazos consanguíneos, están unidos a nosotros como si se trataran de hermanos, primos o tuvieran algún otro parentesco. Algunos de ellos tienen un lugar especial en nuestras vidas y su presencia es tan significativa como la de otros familiares.

He sido favorecido con el cariño de mucha gente. Tengo muchos amigos y una cantidad incontable de personas que me estiman. Desde niño fui una persona muy sociable. Nunca tuve problemas para adaptarme y hacer nuevas amistades y siempre me he rodeado de personas que quiero. Soy amiguero y me considero un buen compañero.

De mi infancia y adolescencia conservo aún la amistad de dos personas muy importantes, compañeros cercanos y queridos: Yamil Martínez y José Manuel González. Yamil era mi vecino y es unos tres años menor que yo. Lo conozco de toda la vida; es como si fuera un hermano pequeño. Cuando éramos niños e incluso adolescentes, prácticamente todos los días estaba en mi casa y los fines de semana salíamos a divertirnos.

Nuestra amistad tiene una historia amplia y entrañable. Después de mi accidente de tren,

Yamil se mantuvo solidariamente a mi lado durante mi rehabilitación. Él estaba convencido de que si hubiera estado conmigo en ese viaje, el accidente no habría ocurrido. Tardé un tiempo en hacerle entender que hay cosas que pasan y no hay nada qué hacer al respecto, ni nadie que pueda evitarlas. No hay culpables. Mucha gente se echa la culpa por hechos o circunstancias que no tienen forma de prevenir. Ante esas cosas ineludibles no queda otro remedio que aceptar lo que pasa. Pero esto no quiere decir que debamos resignarnos; es entender que no podemos controlar todo en la vida ni cambiar lo inevitable.

Aunque nos mantenemos en contacto y nuestra amistad está fuera de toda discusión, desde hace un tiempo Yamil y yo nos vemos muy poco. Se mudó a vivir a Querétaro, donde se dedica a la compra-venta de maquinaria.

A quien sí veo es al otro hermano que no tuve, José Manuel González. Él se graduó como Ingeniero en Sistemas Digitales y Robótica en el Tecnológico de Monterrey y vive en la ciudad, donde trabaja en una empresa de desarrollo de aplicaciones para tecnología móvil. Nos conocemos desde que teníamos unos cuatro años de edad. Siempre ha estado conmigo, compartiendo en las buenas y apoyando en los momentos malos. Es de mis amigos más entrañables, por lo que nos frecuentamos bastante. Como muchos de mis compañeros y seres cercanos, se enteró de mi accidente en Italia cuando lo comentaron en la Universidad. Me contó que la noticia impactó a todos los que me conocían. Al igual que nosotros, el hijo de José Manuel y mi hija se conocen desde pequeños y ya juegan juntos, lo me hace pensar —y me gusta imaginar— que nuestra amistad se mantendrá más allá de lo que pensamos.

Ahora que soy padre y que comparto con mis amigos la experiencia de la crianza, coincido con quienes piensan que la paternidad es una de las profesiones más difíciles del mundo, puesto que todo lo que hagamos o dejemos de hacer marcará a nuestros hijos o puede tener repercusiones por el resto de su vida.

Pero, ¿qué pasa si no tuviste una infancia feliz o que un evento en tu vida te hizo cambiar y replantearte todo lo que hasta ese momento habías hecho? ¿Eso se convertirá en insatisfacción el resto de tus días? No creo que deba ser así. Pienso que ser feliz y volver a plantearnos retos debe ser un propósito permanente.

La voluntad implica cierto grado de valentía, y es que para soltar todo aquello que nos ata a situaciones de infelicidad se necesita valor. ¿Acaso no sería más fácil no movernos y vivir regodeándonos en nuestra desgracia? ¿No sería más cómodo culpar a otros, a las casualidades y circunstancias si no alcanzamos lo que nos proponemos? Trascender eso requiere de valor, de coraje, de aceptación, de soltar lo que nos detiene, dejar ir lo que nos inmoviliza, y de una voluntad que no admite fallas.

A partir de mi accidente, tuve que replantear mi vida entera. En unas cuantas horas y pocos días me vi obligado a hacer un balance de todo lo vivido hasta entonces, y pensar que el futuro que se avecinaba debía afrontarlo con entereza, confianza, valor, fe y esperanza.

El 29 de junio de junio de 2005 no sabía que enfrentaría el reto más difícil para un joven con un futuro aún por forjar: con planes y sueños me encontraba en Europa. Después de estudiar un mes en una universidad española quería recorrer parte del viejo continente, conocer otros lugares, otras culturas y seguir conociéndome a mí mismo. Acompañado de cuatro amigos planeamos un recorrido que nos llevaría a sitios que imaginábamos llenos de aventura, de experiencia. Apenas comenzaba nuestra andanza cuando el destino, la suerte o la vida misma dispusieron que el aprendizaje que yo debía recibir fuera otro.

Era de madrugada cuando llegamos en tren a la estación La Spezia, en el norte de Italia. Bajé del vagón a comprar agua cuando noté que el ferrocarril se alejaba. Confiado corrí tras él y alcancé a llegar a la puerta. De pronto sentí un golpe seco. No recuerdo nada más hasta que me levanté, miré alrededor y vi junto a mí una pierna quebrada y otra completamente desprendida.

Tardé unos segundos en darme cuenta que esas piernas eran las mías. Tenía 23 años y ninguna preocupación aparente. Me encontré solo, tirado en el andén sobre las vías del tren que partía. Cerré los ojos, pensé en mi familia y pedí a Dios: "Quiero vivir aunque sea sin piernas".

No me considero sumamente religioso ni voy a la Iglesia cada domingo, pero soy una persona creyente que da gracias por lo que tengo. No considero que le demuestres tu amor a Dios yendo a misa cada semana; en cambio, si agradeces y ayudas a los demás sí lo haces. Hay mucha gente que va a misa y no son precisamente ejemplos a seguir. Y aunque yo no sea un ejemplo de católico practicante, siento que Dios ha sido una presencia permanente y fundamental en mi vida. Estoy seguro de que mi vida entera ha estado guiada por él. Esta manera de ejercer la fe es, sin duda, un legado de mi madre.

En Italia perdí ambas piernas pero conservé mi vida. Ante una situación que puso a prueba todas mis capacidades, no había lugar para mirar atrás, para quedarme tendido en el piso del andén en la estación de un país lejano, con un idioma desconocido y un porvenir incierto. Con profundo dolor, una enorme incertidumbre y una gran convicción decidí que en adelante, nadie más que yo sería quien marcaría los límites de mi vida. Decidí también que no debía parar, que no me quedaría postrado y que mi voluntad me llevaría a lugares que incluso antes no sabía que podía llegar, que lograría objetivos que no conocía que podía alcanzar. Las cosas que aprendí después de mi accidente, no me las hubiera enseñado nadie. Y desde entonces yo mismo voy poniendo mis propios obstáculos para trascenderlos. Así camino por la vida.

Me llamo Josafat Baldomero González Armendáriz, pero mis amigos y familiares me conocen simplemente como *Josa*.

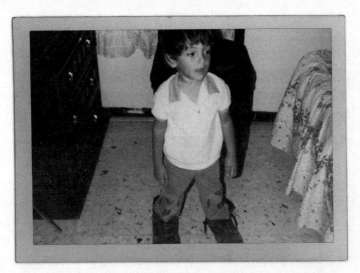

Cuando alguien le pregunta, mi madre cuenta que fui un niño travieso, inquieto y alegre, pero sobre todo, muy terco. La necedad es una de mis características.

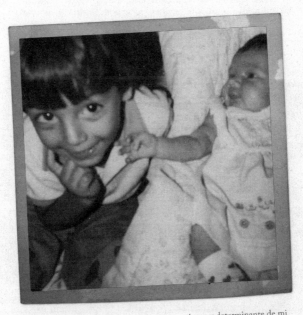

La fuerza de voluntad y el carácter fuerte pero tierno y determinante de mi padre, su decisión de no darse por vencido hasta lograr sus objetivos, son algunas de las muchas enseñanzas que recibí en mi infancia. Aquí con mi hermana, Amanda González.

Mucha gente se echa la culpa por circunstancias que no tienen forma de prevenir. Ante esto, no queda otro remedio que aceptar lo que pasa. No quiere decir que debamos resignarnos; es entender que no podemos controlar todo en la vida ni cambiar lo inevitable. Aquí con mis mejores amigos de la adolescencia: Yamil Martínez y José Manuel González.

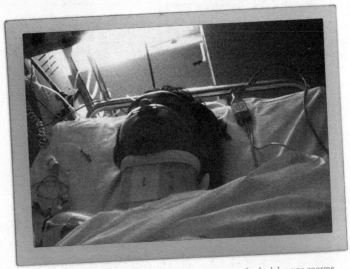

En Italia perdí ambas piernas pero conservé mi vida. Con profundo dolor, una enorme incertidumbre y una gran convicción decidí que en adelante, nadie más que yo sería quien marcaría los límites de mi vida.

2

LA ESTANCIA EN COMILLAS. UNA PUERTA HACIA EUROPA

*Quisiéramos que cada persona alcance en el ambiente
universitario una formación integral: formación
no sólo de la mente, sino también de voluntad, de
sensibilidad humana, ética y estética; formación en
capacidad de reflexión y responsabilidad.*

Nuestra Misión Universitaria;
Universidad Pontificia Comillas

Algunos niños quieren ser bomberos, futbolistas, astronautas o luchadores cuando sean grandes. También hay quienes por imitación, tradición o una vocación franca, desde la infancia tienen claro que quieren dedicarse a alguna profesión en particular y entonces se ven en el futuro como médicos, abogados, ingenieros o dentistas. En mi caso, me gustaba tanto la imagen de los camiones que veía con mi papá en su negocio, que de pequeño mi ilusión era ser trailero.

Pero a veces ocurre que con el paso del tiempo, nuestros intereses van cambiando. No siempre son cambios radicales y nuestro futuro se parece un poco a esa idea infantil. En particular, al momento de elegir una carrera profesional, decidí estudiar la licenciatura en Contaduría Pública y Finanzas en el Instituto Tecnológico y de Estudios Superiores de Monterrey.

Pienso que esta carrera no se alejaba mucho de mi idea de niño, pues la elegí al considerar que englobaba diversos aspectos que me interesaban, como la capacidad de administrar y dirigir el negocio familiar, así como encargarme de todos los asuntos concernientes a la gestión de los tráilers y camiones que tanto me gustaban y que imaginé en mis juegos.

Desde que entré a la escuela, me distinguí por ser un estudiante regular e inquieto. En general las maestras me querían, pues no era un niño conflictivo; aunque a veces era rezongón y no quería hacer las tareas, siempre terminaba haciendo mis deberes. Tenía muchos amigos, quería graduarme, disfrutar la vida, encargarme del negocio familiar que estaba seguro heredaría y hacerlo crecer, casarme, tal vez tener hijos… Esos eran mis planes mientras continuaba con mis estudios.

En 2001 ingresé a la Universidad, y durante nueve semestres recibí los conocimientos necesarios de contabilidad financiera, fundamentos de finanzas, auditoría e impuestos, tópicos, educación general, herramientas cuantitativas y financieras, entorno de negocios y contabilidad administrativa. Me sentía muy bien en la escuela.

Antes de cursar los últimos semestres de la carrera, tuve la facilidad de inscribirme en algún programa de intercambio académico, pero fue casi para graduarme cuando tuve interés en cursar una materia en una institución en el extranjero. Muchos compañeros de generación ya habían aplicado para cursos de intercambio, pero yo decidí esperarme hasta el verano de 2005.

Debido a las facilidades y alcances de los programas de intercambio en el Tec de Monterrey, orientados a establecer y mantener relaciones académicas con instituciones prestigiosas, tenía la posibilidad de elegir casi cualquier universidad en el mundo, pero decidí trasladarme a España. Comprendo perfectamente el inglés y pude inscribirme en alguna escuela en Inglaterra, Estados Unidos o Australia, pero Madrid me atrajo mucho y me pareció la mejor opción. Además, sentía que desde ese punto se facilitaban mis intenciones por recorrer otros países europeos.

De esta forma, a mediados de ese año me matriculé para tomar *Valores éticos y derechos humanos*, uno de los cursos especializados de verano en la Universidad Pontificia Comillas Madrid. Con duración de 90 horas (80 lectivas más diez de visitas técnicas y culturales), junto con mis compañeros –todos ellos extranjeros– pasábamos gran parte del día en el centro de la capital española. Antes de viajar a España llevaba otra idea de lo que sería el curso de verano. Ilusamente creía que asistiría a clase sólo tres o cuatro horas diarias y el tiempo restante lo tendría libre para pasear por Madrid, pero no fue así. Tuve que estar prácticamente de tiempo completo dedicado al curso.

Pero no importó, pues siempre me ha gustado viajar y pensaba que de todos modos lo disfrutaría muchísimo. Mis padres me inculcaron ese gusto desde niño, cuando tuve la oportunidad de visitar con ellos distintos lugares de México. También viajamos juntos a algunos destinos fuera del país, principalmente a Estados Unidos: Nueva York, Orlando, San Antonio, Oklahoma… y durante un tiempo pasamos parte de nuestras vacaciones de verano en Isla del Padre, Texas.

Aunque mi gusto por pasear y conocer era enorme, no siempre reunía todos los requisitos para hacerlo, pues necesitaba que se presentaran al mismo tiempo ciertas condiciones, tales como oportunidad, permiso y dinero. Además, cuando era más chico mis padres se mostraban reacios a permitir que yo saliera demasiado. Pero desde que cumplí 18 años comencé a viajar con mis amigos, particularmente a lugares cercanos y ciudades con playa.

Así que cuando se presentó la posibilidad de vivir en España mientras estudiaba, me sentí muy feliz. Aunado a la experiencia del intercambio académico, sería la primera vez que viajaría solo al extranjero y mi emoción se multiplicaba al saber que después de la estancia dispondría de tiempo para recorrer otros lugares. Además de las actividades académicas que se extendían por 30 días, quería tomar vacaciones y conocer algunos países de Europa.

Al principio no llevaba un plan concreto, sólo la certeza de que necesitaba viajar, conocer, aprender, divertirme. Aún no delineaba mi itinerario de viaje, pues no pretendía visitar algo en particular. Y es que cuando viajo me gusta sorprenderme. Más allá de hacer una planeación o llevar una guía de los lugares que visito, prefiero dejar que las ciudades me asombren, que me cautiven. Me gusta encontrarme con lugares que no imaginaba, con gente interesante y, sobre todo, toparme con esa belleza que uno puede descubrir en los actos más cotidianos de las ciudades y sus habitantes. El hecho de estar en una ciudad, recorrer sus calles, admirar los edificios, ver sus colores, percibir los aromas, probar su comida y convivir con la gente, son razones suficientes para experimentar un gran placer. Luego de deambular por Europa quería regresar a Monterrey, presentarme unos días antes del inicio de clases y concluir mis estudios para después graduarme.

EL VIAJE
A MADRID

En verdad creo que preparar el viaje fue muy sencillo. Con suma eficiencia, la oficina de Programas Internacionales del Tec de Monterrey me orientó sobre los planes y requisitos para estudiar en el extranjero. Con sus recomendaciones, elegí el curso que más convenía a mis intereses y comencé a reunir la documentación necesaria y a planificar mi estancia en España, mientras llegaba la carta de aceptación de la Universidad de Comillas. Por mi parte, acordé con mis papás lo referente al apoyo económico que me darían durante los meses que estaría lejos de casa.

El grueso de los costos de la universidad en España ya estaba cubierto y únicamente se hicieron algunos pagos extras que solicitaba la escuela para trámites diversos. Además, como me alojaría en una residencia estudiantil, tenía garantizados tres alimentos diarios de lunes a viernes. Así que sólo necesitaba dinero para comer los fines de semana, para mis gastos y gustos personales y para el viaje por Europa que cada día lo veía más cerca.

Antes de partir al curso preparé mi equipaje. Como era la primera vez que viajaba durante tanto tiempo, empaqué una maleta de ruedas gigante en la que guardé ropa para más de 30 días. Además, llevaba conmigo mi computadora y equipaje de mano. Durante el tiempo que duró la estancia académica, no repetí ningún día mi vestimenta. Mi maleta era una exageración.

El día de mi partida llegó y volé de Monterrey a Atlanta, donde hicimos una escala de seis horas para partir por la noche a Madrid. Esa escala en el viaje sirvió para identificar a algunos estudiantes que también viajaban de intercambio no sólo a España, sino a diferentes universidades en Europa.

Pero al llegar a Madrid, ninguno de los viajeros conocíamos el lugar donde nos alojaríamos. Eran tiempos que ahora se antojan lejanos porque no existían entonces los sistemas de localización satelital ni los mapas virtuales, así que junto con otro muchacho que también estudiaría en Comillas y que conocí desde el vuelo a Atlanta, llegamos a un cibercafé, buscamos la dirección de nuestros respectivos hospedajes y tomamos un taxi que nos llevó a los distintos lugares. Nos asignaron dos alojamientos, uno en espacios compartidos llamados colectivos (o colectos), y el otro una residencia estudiantil.

Yo sabía que compartiría una habitación en la residencia con Guillermo, *Memo* Díaz, quien llegó un día después que nosotros. Pese a ser de Chiapas, a *Memo* lo conocía desde Monterrey, pues en algunas ocasiones habíamos tomado clase juntos. Desde las reuniones de orientación lo identifiqué, platicamos y me contó que también vendría a estudiar a Madrid, casualmente en la misma universidad que yo me había inscrito. *Memo* es un chavo muy tranquilo y alivianado, y no vi problema alguno para servirnos de compañía, así que desde ese momento nos pusimos de acuerdo para compartir alojamiento. Él se inscribió al curso de Comercio Internacional y *Marketing*.

Como yo llegué un sábado y las clases iniciaban el lunes siguiente, tuve tiempo para descansar y acostumbrarme al nuevo horario mientras llegaba mi compañero de habitación. No tuve problemas para adaptarme, dormía plácidamente y el inicio del curso no me generó nerviosismo ni ansiedad. Todo transcurrió de manera natural. Estaba convencido de que la pasaría muy bien en la escuela.

Además de darnos las comidas entre semana, en la estancia estudiantil nos lavaban la ropa. Pero sábados y domingos comíamos fuera y qué bueno que lo hacíamos. Sin tratar de parecer muy exigentes, la comida que nos daban en la residencia era horrible. Pero de esa comida mala sobresalía el pan: particularmente duro, pensábamos que era capaz de descalabrar a alguien si lo dejábamos caer de la ventana de la cocina, en un segundo nivel. También la recepción de Internet inalámbrico era pésima, y nuestras computadoras sólo lograban conectarse en algún rincón de la cocina.

Por su falta de privacidad, los baños compartidos me recordaban a las regaderas de las cárceles que salen en las películas. Al llegar pensé: "¿Cómo voy a bañarme aquí?". Pero ante la necesidad, la pena se disipó automáticamente desde el primer día en que me metí a bañar. Lo mismo ocurrió en los mingitorios, donde la naturaleza pudo más que la vergüenza.

En la escuela no la pasábamos mal. Tomábamos seis horas diarias de clase y para llegar nos transportábamos en metro, por lo que compramos un pase válido para usarlo sin restricciones durante los 30 días que estaríamos en la ciudad. Utilizábamos el metro prácticamente para todo, y *Memo* se aprendió rápidamente las estaciones de memoria. Era tanta nuestra dependencia a este medio, que una vez nos perdimos y tuvimos que regresar al metro para llegar a la casa, pues no sabíamos llegar caminando.

Aunque no era tan grande como el Tec o la Universidad Autónoma de Nuevo León, las instalaciones de la Facultad de Ciencias Económicas y Empresariales de la Universidad de Comillas estaban muy bien, con construcciones agradables y óptimas. La escuela es una institución jesuita que promueve una propuesta educativa basada en el rigor académico, la atención personalizada y una formación integral con conciencia social.

Cada fin de semana tratábamos de viajar a lugares cercanos. Como no tomábamos clase con los alumnos españoles, hicimos un grupo de amigos mexicanos alumnos del Tec en sus diferentes sedes: Alain González, de la ciudad de México; Gabriel Gallardo, también de Monterrey, y Alejandro Jardines, de Tamaulipas. *Memo* Díaz, originario de Chiapas pero que estudiaba conmigo en Monterrey completaba el equipo que solía andar juntos para todos lados.

Ocasionalmente se nos unían otros tres o cuatro chavos mexicanos más, sobre todo cuando salíamos de paseo, recuerdo a un Alejandro, a Roderick, al *Chucho* y a otro muy simpático que le decíamos *El Barbachas*, aunque no tengo claros sus apellidos. Así, con estos amigos visitamos Sevilla, Toledo y otros destinos próximos. También viajamos a Lisboa, en Portugal. Todo el grupo era de estudiantes de intercambio internacional.

Dentro de las actividades académicas, la Universidad de Comillas nos llevó a conocer los museos del Prado y el Reina Sofía, así como el Monasterio de El Escorial. Por supuesto, por nuestra parte visitamos el estadio Santiago Bernabéu, donde juega el Real Madrid. No iba a perder la oportunidad y la verdad es que me emocionó mucho. De hecho hice un recorrido por el estadio y pude apreciar su salón de trofeos, donde tomé una buena cantidad de fotos.

Después de nuestro horario de clases comenzaba la fiesta. Prácticamente todos los días salíamos a conocer distintos lugares. Era parte de nuestras actividades diarias y por supuesto, de las que todos disfrutábamos más, pues compartíamos además de la nacionalidad, la edad y los mismos gustos. Lógicamente, por la mañana era muy difícil levantarnos e invariablemente teníamos sueño. En medio del salón de clase había una columna donde te podías recargar y ya no te veían los profesores. Ese era el lugar más buscado, el más cotizado por todos nosotros.

Pese a estar todo un mes tomando el curso de valores éticos y derechos humanos y de cumplir con las exigencias académicas del caso, prácticamente me sentía de vacaciones. Estaba viajando y viviendo la experiencia de estudiar un mes en el extranjero, pero al mismo tiempo, salía con mis amigos diariamente. Era una fiesta interminable.

Cuando concluyó el curso, *Memo*, Alain, Gabriel, Alejandro y yo organizamos lo que sería la continuación de la aventura: el paseo por algunos sitios de Europa. Fueron Gabriel y Alejandro quienes se encargaron de hacer el itinerario y nosotros gustosos seguimos sus recomendaciones.

Para continuar la travesía, dejé encargadas en Madrid mi computadora y la enorme maleta con ropa para 30 días. Manuel López y Theresa Zabell, conocidos de Alejandro Martínez Garza, amablemente guardaron mis cosas esperando mi regreso. Aunque mi intención era emprender un pequeño viaje de aventuras, al final éste se convirtió en el inicio de un gran viaje que todavía no termina.

Visitamos Barcelona, de ahí fuimos a Niza y luego a Mónaco. En Mónaco tomamos el tren que nos llevaría a Roma. Pensábamos visitar otras dos o tres ciudades más y luego trasladarnos a Alemania y a la República Checa. Luego yo regresaría a ver a unas amigas en Francia y volvería a Madrid por mi maleta y mis cosas. De acuerdo al plan de ruta, aún disponía de una semana extra de vacaciones, por lo que pretendía viajar solo un rato más para recorrer el Río Nilo, en Egipto, o tal vez conocer Marruecos.

Pero mi accidente en Italia frenó mis planes. En tono de broma, *Memo* me dijo: "No, hombre… te paró Dios porque ibas a quebrar a tu papás…". El día del percance en el tren mis padres habían depositado dinero en mi tarjeta.

Me gustaba tanto la imagen de los camiones que veía con mi papá en su negocio, que de pequeño mi ilusión era ser trailero. Pero a veces ocurre que nuestros intereses van cambiando. No siempre son cambios radicales y nuestro futuro se parece un poco a esa idea infantil.

Cuando se presentó la posibilidad de vivir en España mientras estudiaba, me sentí muy feliz. Por supuesto, visité el estadio Santiago Bernabéu, donde juega el Real Madrid. No iba a perder la oportunidad.

Estaba viajando y viviendo la experiencia de estudiar un mes en el extranjero, pero al mismo tiempo, salía con mis amigos diariamente. Aquí con Alain, Guillermo y Alejandro.

Mi estancia en Europa fue muy divertida. Hice muchos nuevos amigos.

Visitamos Barcelona, de ahí fuimos a Niza y luego a Mónaco. En Mónaco tomamos el tren que nos llevaría a Roma. Pensábamos ir a otras dos o tres ciudades más. Pero mi accidente en Italia frenó mis planes.

3

LA ESTACIÓN DE LA SPEZIA

En esta vida es fácil morir. Construir la vida es
mucho más difícil.

VLADIMIR MAIAKOVSKI

Adversidades y cambio de planes siempre estarán
presentes en la vida de cada uno de nosotros.
Habrá algunos que solucionaremos y otros no,
pero los errores o caídas no nos convertirán
nunca en fracasados.

CÉSAR LOZANO

Eran casi las 3 de la mañana en la estación de La Spezia, al norte de Italia. Hacía calor, pero el ambiente era húmedo y el sonido del tren 369 que corre de Niza a Nápoles era lo único que rompía el silencio de esta apacible ciudad en la región de Liguria.

En un compartimento con literas viajábamos cinco amigos: Gabriel Gallardo, Alain González, *Memo* Díaz, Alejandro Jardines y yo, un grupo de estudiantes mexicanos de intercambio académico que habíamos decidido recorrer una parte de Europa antes de volver al país a graduarnos de nuestras respectivas carreras y continuar con nuestras vidas.

La travesía inició en Madrid, España, al terminar el periodo escolar de la Universidad Pontificia Comillas donde estuvimos por 30 días. A partir de entonces, nuestro objetivo era visitar Barcelona, después Niza, en Francia, y luego el Principado de Mónaco para continuar en el tren que nos llevaría hasta Roma.

Nadie podría imaginarse en ese momento que el destino tenía otros planes para mí.

Cuando llegamos a La Spezia desde Mónaco, Alain, Gabriel y Alejandro dormían tranquilamente. Sólo *Memo* y yo permanecíamos despiertos. Inmersos en una plática interminable, arribamos a la estación donde el tren rompió con la tranquilidad del lugar.

Cansado de estar sentado, quería estirar las piernas y como se sentía mucho calor, decidí bajar del transporte para comprar una botella de agua. En otras estaciones los vendedores solían subir para ofrecernos sus productos, pero por la hora en que llegamos a este punto de nuestro viaje el convoy estaba prácticamente desierto.

La terminal del tren en La Spezia es una estación que aunque moderna, tiene un piso de adoquín que le da un aspecto de camino antiguo. Como si fuera una central de autobuses, tiene lugares para que las personas se sienten a esperar, así como máquinas expendedoras de bebidas y otros productos. A pesar de que era de madrugada, creo recordar que cuando bajé había un par de personas que susurraban. Se sentía bochorno.

Generalmente cuando el tren paraba, dos guardias se encargaban de vigilar quiénes bajaban y subían de los vagones. Pero por alguna extraña razón, la noche del 29 de junio de 2005 únicamente *Memo* se percató de que abandoné el vagón. También fue el único testigo de lo que pasó después.

Con calma deposité algunas monedas en la despachadora de bebidas y recogí una botella de agua. Cuando regresaba al tren, vi una máquina expendedora de dulces y se me antojó comprarme un chocolate para niños, de esos que en su interior tienen un huevo de plástico con un pequeño juguete. Esos instantes que perdí en la máquina de chocolates fueron decisivos para mí, pues si no me hubiera detenido, seguramente habría alcanzado con facilidad la puerta del vagón.

Estaba comprando el chocolate cuando escuché el sonido de la máquina del tren que arrancaba. En cuestión de segundos, ese vehículo viejo y ruidoso había iniciado su marcha e incrementó la velocidad. A partir de ese momento, mis recuerdos son como *flashazos* de una película, y a veces me cuesta trabajo pensar que era yo el personaje principal de la historia.

Al percatarme del movimiento, volteé a ver al tren que avanzaba, corrí hacia él y aventé la botella de agua hacia el vagón en un intento inútil para que el conductor me viera y detuviera la marcha. Busqué con desesperación llegar a donde estaba *Memo*, quizás a unos 30 o 50 metros de distancia, pero no alcancé a sostenerme completamente de la baranda de la puerta de acceso y quedé con los pies suspendidos en el aire.

Miré mis pies que al estar calzados con sandalias de plástico de pata de gallo, no lograron apoyarse con firmeza en los escalones del estribo que apareció debajo de la puerta. Y entonces resbalaron, resbalé.

No tenía de dónde asirme y, a la par que *Memo* observaba la escena, me vi a mí mismo con mis 23 años desaparecer bajo las ruedas del tren. Luego vinieron los gritos, llanto, dolor, sangre, luces, ambulancias y caos.

Envuelto en esa vorágine sentí un golpe seco seguido de la pérdida de conciencia. Cuando recobré el sentido intenté levantarme y entonces vi junto a mí una pierna partida y otra desprendida totalmente. Fue hasta después de unos segundos que me di cuenta de que eran mis propias piernas. Tirado sobre las vías del tren, cerré los ojos, pensé en mi familia, balbuceé algo parecido a una plegaria y supliqué: "¡Quiero vivir aunque sea sin piernas!".

Junto a la estación del tren hay un conjunto de departamentos. La gente que vive en ellos dijo que mis gritos eran tan intensos que se escucharon hasta allá, por lo que llamaron a los servicios de emergencia, los cuales llegaron de inmediato.

Los periódicos locales dicen que mis gritos los escuchó una mujer africana que también se encontraba en la estación y ella alertó a los guardias del lugar. Primero arribó la policía y los carabineros, quienes me proporcionaron los primeros auxilios mientras venían los paramédicos. En un idioma que no recuerdo, el personal de salud me pidió que no cerrara los ojos, que me mantuviera despierto. Estaba en *shock* y podía caer de nuevo en paro respiratorio como ya había pasado momentos antes.

Aunque perdí más de cuatro litros de sangre, dentro de mí seguía orando, rogándole a Dios que me permitiera vivir aunque no tuviera piernas. Pensaba que no me importaba, pues quería ver de nuevo a mi familia y tener la oportunidad de continuar con mi vida.

En estado grave me trasladaron al Hospital de San Andrés, a unos cinco minutos del lugar del accidente, donde el director del centro, el doctor Francesco Nicosia, encabezó al grupo de médicos que salvaron mi vida.

Lo que no pudieron salvar fueron mis piernas. Durante el accidente perdí prácticamente la extremidad derecha y para detener el sangrado fue necesario amputar la izquierda. En ambos casos, los cortes fueron encima de la rodilla.

Desesperados y ante la incertidumbre por saber lo que había pasado, mis compañeros llegaron a la siguiente estación en la ciudad de Sarzana e inmediatamente emprendieron el viaje de 15 kilómetros de regreso a La Spezia. Cuando *Memo* vio que desaparecí entre los rieles, intentó parar el tren accionando la palanca de emergencia sin obtener respuesta, y aunque no sabía con seguridad qué había pasado, intuía que algo grave había ocurrido. Al volver a buscarme, mis compañeros se enteraron de mi accidente, e incluso la policía los llamó a declarar. Tampoco el maquinista ni el conductor del tren se enteraron de lo sucedido. La policía les informó del accidente cuando arribaron a la estación de Sarzana para un control de rutina.

Cuando desperté en la cama del hospital no entendía lo que sucedía. Estaba seguro de que había ocurrido algo terrible, pero aún no lo comprendía. Suponía que me habían cortado las piernas, aunque no estaba seguro, pues tenía la sensación de dolor e incluso creí ver que había algo debajo de las sábanas.

Por un momento imaginé que los médicos habían logrado salvar mis extremidades, pero luego entendí que sólo era ese que llaman "dolor fantasma", una molestia que perciben algunas personas cuando son amputadas, y quizás lo que vi eran almohadas colocadas por las enfermeras mientras los doctores me daban la noticia de manera oficial.

En mi cuarto ya estaba mi amigo Gabriel. Yo estaba como aturdido, así que a señas le pregunté qué había pasado, por qué seguía entubado y si me habían quitado las piernas. El silencio ante mis cuestionamientos fue la respuesta más contundente. Pero no sentí nada. No me espanté ni me sorprendí. Era algo que ya había previsto; la amputación se presentaba como la posibilidad de seguir con vida y, a final de cuentas, era lo que había pedido a Dios: otra oportunidad, aunque fuera sin mis piernas.

Estar en la cama del hospital me otorgó tiempo de meditar sobre el accidente que acaba de ocurrir. Vinieron a mi mente mis padres, la escuela, el futuro. "¿Qué voy a hacer ahora?", me preguntaba. "¡No tengo piernas!", me decía, pero entonces recordaba que fue algo que yo pedí y que se me había dado esa nueva oportunidad, y sólo por eso debía salir adelante.

Por eso nunca me entristecí, nunca le cuestioné a Dios por qué me había pasado esto. Lo que ocurrió lo había escogido, fui responsable, me metí solo en el problema y por ende, solo tenía que salir de ahí.

Soy responsable de lo que pasó, aunque se trate de un accidente; nadie en su sano juicio corre tras un tren en movimiento y salta sin realmente necesitarlo. Traía mi cartera y mis documentos y pude quedarme parado y tomar otro tren.

Yo lo decidí, no el que iba manejando el ferrocarril ni las personas que vieron que bajé. Nadie más es responsable. Yo decidí eso y es así de sencillo. Entre más rápido podamos hacernos responsable de nuestros actos, más rápido podremos arreglar nuestros problemas y mejorar nuestras vidas. Entre más pronto podamos aceptar e identificar dónde estamos parados, podremos ir hacia adelante y no quedarnos estáticos maldiciendo y pensando en por qué nos pasó a nosotros.

Siento que Dios me dijo: "Estás vivo, aprovéchalo". Yo también me decía: "Estoy vivo, no pasa nada. Lo demás qué importa, al rato se resuelve; lo voy a poder resolver después". Esa fue una de las partes más importantes de mi proceso, saber que la solución a cualquier eventualidad, por más trágica que parezca, llegaría.

Cualquier médico nos puede decir que ante un percance como el mío, es natural que la gente grite, llore, maldiga. En mi caso, jamás maldije, a pesar de pasar por momentos difíciles y frustrantes durante mi rehabilitación. Nunca me rendí, siempre empujé hacia adelante, aunque una reacción normal es pensar que todo acabó. Y es normal pensar así porque te están arrebatando algo que tenías, un bien muy preciado.

Tuve que afrontar mi condición y tomar las cosas de la mejor manera. Eso marcó en mí la diferencia: aceptar rápidamente mi situación y enfrentar la vida bajo otro paradigma. Es la vida que me tocó. Pero si los problemas que te pone la vida fueran fáciles, todos los podrían superar sin problema.

Un par de días después del accidente, antes de que llegaran mis padres y ya plenamente consciente, cinco doctores me confirmaron lo que ya sabía: tuvieron que amputar para parar el sangrado, sólo así pudieron salvarme. En perfecto español, el doctor Nicosia me contó todo a detalle. Yo sólo les agradecí por haberme salvado.

Creo que mi actitud de serenidad los desconcertó. Me parece que los médicos no alcanzaban a comprender lo que yo estaba pasando. Aunque creían que todavía estaba bajo los efectos de los sedantes, mis palabras eran parte del duelo que estaba viviendo. Sabía lo que había pasado, me estaba enfrentando a algo nuevo y muy complicado, pero tenía la certeza de que si me esforzaba, iba a lograr los objetivos que me propusiera desde ese mismo instante: volver a caminar y recuperar mi vida.

Para cuando mis padres llegaron al hospital unos dos días después, había reflexionando mucho sobre esto. Durante ese tiempo analicé las cosas, planteé mis metas y acepté mi parte de responsabilidad en lo que había pasado.

Desde que me vi en cama del hospital, mi meta fue aprender de nuevo a caminar. También quería regresar a graduarme a la universidad. ¿Cómo lo haría? No tenía la menor idea; no sabía qué tipo de tecnología existía ni cómo funcionaba, pero estaba seguro que lo conseguiría, así que me propuse trabajar, investigar y ver todas las posibilidades a mi alcance.

EL CAMINO
A ITALIA

Cuando mis padres se enteraron de que había sufrido un accidente temieron lo peor. En un principio contaban con muy poca información y eso les generó una angustia que no le deseo a nadie.

Mientras yo estaba en el hospital, el cónsul mexicano en Milán, Iván Mendoza, llamó a mis papás para informarles del incidente en el tren. Les hablaron como a la medianoche del 29 de junio.

Los azares del destino me hicieron comprar en Europa un seguro de gastos médicos, pues el que proporcionaba la universidad española terminó al concluir el ciclo escolar. Al terminar el curso contraté otro que cubría el resto de mi estancia en Europa. Realmente no sé por qué lo hice. No era una persona tan precavida en ese entonces. Cuando me lo ofrecieron dije: "¿por qué no?" Este seguro incluía un boleto redondo de avión para un familiar si algo me pasaba. El otro boleto lo costearon mis padres. Cuando el diplomático les avisó de mi estado de salud, les ofreció apoyo para organizar su viaje, les comentó que estaba muy grave y que los médicos trataban de salvarme las piernas.

Comenzó entonces un infierno para ellos. De inmediato mis papás hablaron al seguro y les tramitaron el boleto de avión para mi mamá. En cuestión de horas prepararon el viaje. Orientados por la aseguradora y gracias al apoyo de la agencia de viajes de mi tía Nelia, hermana de mi madre, lograron hacer las conexiones necesarias y consiguieron el boleto para mi papá.

Volaron de Monterrey a la ciudad de México, de ahí a Alemania y luego a Milán, donde los esperaba ya un automóvil del seguro para llevarlos a La Spezia. No tengo noción de cuánto tiempo viajaron para estar a mi lado, pero es probable que fueran unas 36 o 40 horas de angustia, incluyendo las escalas.

Dos o tres días después del accidente por fin pude reunirme con mis padres, aunque durante ese tiempo tuve el acompañamiento solidario de mis amigos. Cuando llegaron mis papás les agradecieron infinitamente su apoyo y les sugirieron continuar con su viaje, ya que a partir de ese instante ellos se encargarían de cuidarme.

Aunque sedado, estaba consciente y cuando entraron mis papás, todavía recuerdo sus caras de sobresalto, dolor y cansancio. Mi madre estaba pálida y mi papá aparentaba estar afectado en su salud. Pedí al médico que por favor me retiraran el tubo de la boca para hablarles. "No pasa nada", les repetía. Apenas me salía la voz, pero quería darles aliento, quería convencerlos de que estuvieran tranquilos como yo. Les pedí que me dieran sólo un año para continuar con nuestros planes.

Mi condición los tenía muy preocupados. Me encontraba muy golpeado, con la espalda en carne viva por el golpe recibido y estaba lleno de moretones. Tenía además un coágulo en la frente que preocupaba no sólo a quien me veía, sino a los mismos doctores.

Los médicos confirmaron a mis padres que aunque ya estaba fuera de peligro debíamos ser cautelosos con ese coágulo, porque era importante que se reabsorbiera y no causara algún daño cerebral o alguna otra secuela. También advirtieron sobre los riesgos que implicaban los movimientos bruscos, pues podría desangrarme ya que el filo de las dos vértebras cervicales que tenía fracturadas podía lacerar alguna arteria. El doctor Nicosia decía: "Está filuda". El panorama no era nada alentador.

Con la llegada de mis padres se reveló también una historia extraña e inexplicable.

Mientras yo estaba convaleciente, Amanda y Baldomero comían en algunos restaurantes cercanos del hospital en La Spezia, que es una ciudad muy pequeña. Un día, al entrar en uno de esos lugares y al notar que eran extranjeros, una mesera les preguntó de dónde eran y qué hacían ahí. Le platicaron que lamentablemente su hijo estaba en el hospital porque había tenido un accidente en el tren; entonces, como si la señorita supiera con exactitud a qué incidente se referían, preguntó por el estado de la novia del herido.

"No tiene novia", contestaron mis padres un tanto desconcertados y preguntándose a qué se refería. La camarera, sin dudarlo, les respondió con mucha seguridad que en el momento del accidente –que por cierto, todos en el poblado conocieron– cuando me encontraba tirado en el suelo, estaban conmigo dos hombres y una mujer que lloraba mucho mientras sostenía mi cabeza. Incluso, la mesera aseguró que unos amigos suyos atestiguaron la escena.

No investigamos nada más al respecto. Pero muy en el fondo siempre me he preguntado quién podría haberse acercado a mí en ese momento y sobre todo, en esa circunstancia tan trágica. No sé qué mujer fue la que sostuvo mi cabeza, pero estoy seguro de que su solidaridad y sus lágrimas fueron elementos importantes para que yo regresara a la vida otra vez. Es entonces cuando pienso en la importancia de tender la mano a los otros. Ese apoyo incondicional y altruista que puede cambiar destinos y mejorar la vida de alguien más.

No obstante lo que me pasó, me cuesta trabajo creer en milagros. Sin embargo, mi mamá asegura que desde que llegó al hospital y me vio, percibió que una especie de luz descendía. Inexplicablemente –pues mi condición inicial era de gravedad extrema–, mis heridas sanaron a una velocidad poco común y por difícil que parezca, desaparecieron todas las marcas de mi cuerpo. Una varilla se me incrustó en un hombro y ni ese daño dejó cicatriz.

CADENA DE SOLIDARIDAD EN LA SPEZIA

La población de La Spezia me acogió con mucho cariño y todo el tiempo se mantuvo pendiente de mi evolución médica. La gente llamaba al hospital para saber cómo estaba, me mandaban cartas, globos, pequeños obsequios, dulces, flores y mensajes de aliento. Todos los días iba una monja a visitarme y a darme la comunión, y también pasaban a verme dos sacerdotes. Llegaron a preguntar por mi estado de salud los policías que me atendieron inmediatamente después del percance. Yo prometí regresar para agradecerle a la ciudad todo lo que me dio y el apoyo incondicional que le brindaron a mis padres.

Los médicos también estaban particularmente conmovidos con mi caso. Mi mamá me cuenta que todos los días iba uno de los doctores que me atendió después del accidente. Se paraba en la puerta de mi cuarto y me observaba de arriba abajo en silencio. Después de unos minutos se retiraba. En una de sus visitas, se acercó a mi madre y le preguntó si no le causaba curiosidad saber por qué me veía de esa forma. Amanda no supo qué contestarle y él le dijo:

"Su hijo no es la primera persona que atiendo después de un accidente, pero esto es especial, porque yo recogí un cadáver", le dijo.

Mi madre rezaba todos los días mientras me cuidaba. De hecho, antes de partir del hospital una de las enfermeras que me había atendido le obsequió un rosario que estaba bendecido por el Papa Juan Pablo II. La persona que hacía el aseo, en el área donde me encontraba, me regaló un disco de Laura Paussini. Incluso, varias personas del personal del hospital les ofrecieron repetidamente sus casas para irse a bañar o lavar su ropa.

Por si esto pareciera poco, durante las casi tres semanas que mis padres estuvieron en Italia, se hospedaron en un hotel clásico, muy cerca de la clínica, atendido por dos matrimonios que se mostraban muy interesados en mi estado. Al final de su estancia, generosamente hicieron un descuento considerable a la cuenta del alojamiento. Por supuesto que Amanda quedó realmente agradecida con toda la comunidad. Pensó que, ante una situación tan difícil como la que pasamos, fuimos muy afortunados por encontrar nuevos amigos.

Después de las tres semanas en La Spezia, los doctores autorizaron mi salida para continuar mi tratamiento y rehabilitación en mi país. Tras el alta médica, el seguro envió a un doctor y a un asistente para verificar que yo pudiera abordar el avión. Como eran lesiones muy graves, pensaron que al llegar al hospital me iban a encontrar sin poder moverme. Se sorprendieron al ver que ya tenía las condiciones necesarias para viajar.

Me trasladaron en ambulancia hacia Milán y de ahí volé a Madrid, donde mis padres recogieron mi maleta y objetos personales, para después volar a la ciudad de México y luego a Monterrey. El personal médico de Italia me acompañó durante todo el trayecto a México. Aunque el regreso fue algo completamente nuevo para mí por tener que moverme en silla de ruedas, estuve despierto casi todo el viaje. También hice el vuelo de regreso sin medicamentos, aunque canalizado con suero.

Debido a la cantidad de sangre que perdí pude haber tenido complicaciones en algún órgano, pero por fortuna no fue así. Incluso, durante mi estancia en el hospital no me dieron medicamentos para el dolor. Sólo estuve tres días en tratamiento con morfina, y el resto de mi convalecencia me administraron unas supuestas pastillas para mitigar el dolor que en realidad eran placebos. De eso me enteré después, cuando mi mamá me comentó que de acuerdo con los médicos, al no presentar fallas en los órganos, no necesitaba tomar nada.

Parecería que contar con el apoyo de la comunidad de La Spezia, mis padres y mi familia, bastó para que saliera adelante, pero no fue así. Considero que cualquier persona puede lograrlo si se lo propone. Todos tenemos las mismas posibilidades. A algunos les va a costar dar más pasos que a otros, pero es cuestión de intentarlo. No pasa de que te digan que no, entonces tomas la siguiente opción y vuelves a plantear lo mismo.

En el momento en que perdí mis piernas, experimenté una mezcla de sentimientos que nunca antes había sentido, pero ahora que lo analizo bien, nunca apareció la tristeza. Con el tiempo veo con mayor claridad: dentro de mí sabía que la pérdida que había sufrido no era irreparable. Recapitulo continuamente lo sucedido y me doy cuenta que no vale la pena sumirse en el sufrimiento cuando lo que nos provoca angustia es algo que tiene una salida. No importa si esta salida responde o no a nuestras expectativas o si en ese momento puede parecer poco favorable. Lo realmente trascendente es que hay opciones y cuando éstas existen, sólo se trata de elegir la que mejor nos convenga. Pero esto no significa que no se deba sentir tristeza. Es válido, pero sin caer en la autocompasión ni ser indulgente con uno mismo.

Creo que la tristeza y la vulnerabilidad bien encauzadas pueden ser una excelente guarida para vivir los duelos que nos permitan valorar el significado de nuestras pérdidas. Nuestra experiencia e intuición nos dicen que siempre hay solución y que vale la pena destinar esfuerzo y convicción en seguir por otro camino. Resulta conveniente afrontar la tristeza con esperanza para evitar ser abatidos por esas melancolías que pueden hacernos creer que vivimos en el desamparo.

Creo en ocasiones que para algunos, existe una necesidad por no estar bien, por encontrar siempre algún motivo para que situaciones minúsculas ensombrezcan nuestras acciones diarias. Esto tiene su origen en el ruido que cada uno de nosotros genera en nuestros pensamientos. Lo entiendo como una especie de interferencia que no nos deja actuar con naturalidad ni tomar decisiones basadas en nuestra intuición y voluntad. Ese "ruido" nos provoca miedo y duda. Es aquello que no te permite actuar sin prejuicios.

Cuando a un niño le preguntas de qué sabor quiere un helado, generalmente responde de manera automática, es decir, reacciona a lo que su deseo e instinto le sugieren. En cambio, el ruido que existe en el pensamiento adulto te hace dudar en cosas tan sencillas como ésta. Antes de elegir el sabor piensas primero si debes o no comer helado por la cantidad de azúcar, luego te preguntas si debes pedir el sabor que siempre eliges o quizá es el momento para elegir uno exótico y poco convencional, pero tienes temor de que no te guste del todo. Y por si esto fuera poco, todavía debes elegir si lo pides en vaso o en cono. Un acto cuyo origen y fin debe ser placentero, se convierte en una lucha interna contra ese ruido que no nos deja decidir sin miedos. Para mí la felicidad es la ausencia de miedo. Ser feliz es una decisión, no una circunstancia en la vida.

Después de haber sentido tanto cariño y solidaridad en La Spezia, cerré mi círculo con la estación de trenes en 2008 cuando mi labor de motivador me llevó de nuevo a Europa y decidí visitar otra vez esa ciudad, con el propósito exclusivo de demostrar mi agradecimiento a médicos, enfermeras, vecinos y todos los que de una u otra forma me ayudaron e infundieron ánimo.

Me habían llamado de un programa de televisión en España para contar mi historia y quise aprovechar el viaje para compartir mi recuperación con la gente que me ayudó. Llegué caminando al hospital con mis prótesis, para asombro de los especialistas. No podían entender por qué había regresado después de lo sucedido. Les expliqué entonces que tenía la necesidad de volver a esa ciudad donde sus habitantes me habían salvado la vida, y que gracias a su intervención caminaba de nuevo.

Esos instantes que perdí en la máquina de chocolates fueron decisivos para mí. Si no me hubiera detenido, la historia seguro sería otra. Esta es una de la muchas notas que la prensa publicó sobre el accidente.

Tirado sobre las vías del tren cerré los ojos, pensé en mi familia, balbuceé algo parecido a una plegaria y supliqué: "¡Quiero vivir aunque sea sin piernas!". Aquí con los policías que me asistieron después de mi accidente.

Lo que ocurrió lo había escogido, fui responsable, me metí solo en el problema y por ende, solo tenía que salir de ahí. Soy responsable de lo que pasó, aunque se trate de un accidente; nadie en su sano juicio corre tras un tren en movimiento y salta sin realmente necesitarlo.

Parecería que contar con el apoyo de la comunidad de La Spezia, mis padres y mi familia, bastó para que saliera adelante, pero no fue así. Considero que cualquier persona puede lograrlo si se lo propone. Todos tenemos las mismas posibilidades. Aquí con el *staff* de la enfermería cuando regresé a Italia en 2008.

Creo que la tristeza y la vulnerabilidad bien encauzadas pueden ser una excelente guarida para vivir los duelos que nos permitan valorar el significado de nuestras pérdidas. Aquí de regreso en la Spezia con Roberto Pérez (derecha) y una de las personas que me asistió el día de mi accidente.

4

TESTIMONIO DE MI MADRE

Sono contento che stai bene, sono felice per te, felicitazioni per il tuo matrimonio e soprattutto per la tua piccola creatura. Quando verrai a La Spezia, spero che verrai, vorrei incontrarti per un abbraccio. Il cuore mi si riempie di gioia quando so di aver fatto qualcosa di buono, pensa quel giorno i miei colleghi sono tutti scappati non sopportavano vedere le tue condizioni, sono rimasto solo, vicino a te. Tanta felicità e tante buone cose, che la vita continui a sorriderti, spero che un giorno tu venga a La Spezia, un abbraccio.

[Estoy muy contento de que estés bien, me alegro por ti, felicitaciones por tu boda, y en especial por tu pequeña criatura. Cuando vuelvas a La Spezia, espero que así sea, me gustaría encontrarte para darte un abrazo. Mi corazón se llena de alegría cuando sé que hice algo bueno, creo que ese día todos mis colegas huyeron pues no podían soportar ver tu condición, yo estaba cerca de ti. Mucha felicidad y muchas cosas buenas, que la vida continúe sonriéndote. Espero que algún día vengas a La Spezia. Un abrazo.]

GIAN CLAUDIO DI SIENA
(Uno de los policías italianos que auxilió a Josafat inmediatamente después del accidente)

Soy Amanda Armendáriz de González, mamá de Josafat González. Tengo 63 años. Hace 10 años fue el accidente de mi hijo. El 29 de junio de 2005, a las 6 de la mañana, sonó el teléfono de nuestra casa. Lo escuché y me dio un vuelco el corazón.

A pesar de estar acostumbrada a recibir llamadas a toda hora de la noche por el negocio de mi esposo, esa vez sentí algo muy raro. Incluso, escuché diferente el timbre del teléfono. Contesté y me respondió un caballero que muy amable me preguntó si era la casa de Josafat González. Le respondí que sí, "soy su mamá, ¿qué se le ofrece?". Entonces agregó: "Soy el licenciado Iván Mendoza, cónsul de México en Milán. El motivo de mi llamada es para informarle que su hijo tuvo un accidente de tren". Aunque quedé impactada con sus palabras, todavía alcancé a preguntarle cómo estaba. "En este momento está en el quirófano, están tratando de salvarle sus piernas", respondió.

Desconcertada, quise saber más detalles. Pregunté cómo había sido el accidente, qué había pasado. Me dijo que no tenía más información. Sólo sabía que mi hijo había tenido un percance en un tren en una pequeña ciudad italiana que se llama La Spezia, una población como de 100 mil habitantes. "Y ahí ésta está. Están tratando de salvar sus piernas", me notificó.

Pedí entonces que me diera todos los detalles, en qué hospital se encontraba, cuál era el teléfono del lugar, cualquier dato que me fuera útil. Me dio la información y su número de teléfono celular por si nos podía apoyar en algo más. Le agradecí la llamada y miré hacia mi esposo que estaba inquieto y asustado del otro lado de la cama.

Desesperado, Baldomero me preguntó qué le había pasado a nuestro hijo. Le expliqué todo.

Estaba muy dolido y con ese dolor intentó recriminarme: "Tú tienes la culpa, yo no quería que se fuera, pero tú lo apoyaste". Y bueno, realmente era cierto. Él nunca estuvo de acuerdo en que se fuera. Ambos nos quedamos en silencio. Estaba confundida, asustada. Inmediatamente me puse a pensar "¿Es cierto, es verdad, o se trata de un sueño esto que estoy viviendo?". Entonces pensé que no había tiempo qué perder. Intuí que mi esposo quería estar solo, así que me fui a la sala. En ese momento llamé a mi hija Amanda, que también se encontraba en una estancia de verano en Costa Rica, y le conté lo que me había dicho el cónsul.

—Mamá , ¿estás bien?, –preguntó Amanda.

—Sí, hija, estoy bien. Gracias a Dios.

—¿Y mi papá? –quiso saber mi hija.

—Muy consternado, pero parece que también está bien.

Amanda me dijo que hablaría entonces con el responsable de las estancias académicas para conseguir boletos de avión y regresar a Monterrey. Le dije que nosotros no podíamos esperarla, que no la íbamos a ver. Me dijo que no importaba, pensaba que era más conveniente estar en Monterrey por lo que se ofreciera. Le agradecí a mi hija el gesto y le prometí que estaríamos en contacto.

Enseguida le llamé a mi hermana Nelia para que me consiguiera los boletos para volar a Italia. Ella tiene una agencia de viajes, pero aún así sabíamos que sería difícil conseguirlos porque era temporada alta.

Amanda me llamó de nuevo para decirme que la póliza del seguro de estudiantes que contratamos al viajar incluía un boleto redondo para un familiar en caso de accidente. Que mi hermana sólo me ayudara a conseguir el de mi esposo.

A las 8 de la mañana llamé a la compañía de seguros. Las opciones de pasajes que me dieron eran las mismas que Nelia me había conseguido: todas incluían escalas o periodos de seis y hasta ocho horas en los aeropuertos. No había vuelos directos ni posibilidades de viajar más rápido. Mientras, seguí avisando a mis familiares y amigos cercanos lo que había sucedido.

Mis hermanas, Marisela y Gloria, junto con mi vecina *Conchita* Betancourt, se encargaron de preparar mi equipaje, pues no podía despegarme del teléfono por la cantidad de llamadas que hacía y recibía. La noticia del accidente de *Josa* se supo muy rápido en la ciudad. Las llamadas del Tecnológico para ofrecer ayuda no se hicieron esperar. También se puso en contacto con nosotros una licenciada de parte de la Secretaría de Relaciones Exteriores para apoyarnos en caso de que necesitáramos visas o pasaportes. Me apena mucho no recordar el nombre de esta persona que nos llamó, pero Dios la bendiga por ese gesto tan humano que tuvo.

El tiempo se me fue como agua. Apenas unas horas después, al mediodía de ese 29 de junio de 2005, ya estábamos en el aeropuerto acompañados por uno de los grandes amigos de mi hijo, Yamil Martínez Mabarak, y sus solidarios papás: la Dra. Dora Isela Mabarak y el Dr. Rogelio Martínez Vera. De Monterrey volamos a la ciudad de México, donde estuvimos durante varias horas que parecían interminables. Luego viajamos a Frankfurt, en Alemania, donde se repitió la historia de una espera sin fin antes abordar el avión a Florencia, en Italia, donde ya nos esperaba un automóvil para llevarnos a nuestro destino. Recuerdo que el auto tomó la autopista y circulaba a unos 200 kilómetros por hora y aun así se me hacía lento. Jamás me había subido en un carro que circulara a esa velocidad, pero para mí iba despacio. Lo que yo quería era llegar al lado de mi hijo…

Unas horas después llegamos por fin a La Spezia. Inmediatamente nos trasladamos al Hotel Corallo para dejar nuestro equipaje en recepción y rápidamente nos fuimos al Hospital San Andrés (*Sant' Andrea*, en italiano), a unas cuatro cuadras ahí. Entramos al hospital, nos identificamos y prestos nos condujeron al área de cuidados intensivos.

Jamás voy a olvidar esta imagen: mi querido hijo estaba ahí con sondas en la nariz, un tubo en la boca y otros aparatos conectados. Dormido, su rostro lucía pálido, su cara estaba más delgada que cuando salió de Monterrey. Tenía un golpe a un lado de la frente, con un enorme chipote oscuro… Me estremecí y me dije en silencio: "¿Este es mi hijo? Una de las razones de mi vida… ¿cómo?". Entonces, un enfermero lo despertó y pidió autorización al médico para moverle el tubo que tenía en la boca con tal de que pudiera hablar con nosotros. Al vernos, nos regaló una hermosa sonrisa.

—¿Cómo están? —nos preguntó.

—Bien, ¿y tú? —le contestamos.

—Estoy muy bien. Por favor, no se preocupen por mí —respondió lleno de optimismo.

Luego, mirando fijamente a su papá, le aseguró:

—Papi, dame un año y arrancamos los planes que tenemos, te lo prometo.

Conmovido, mi esposo le respondió:

—No hay problema, *mijo*. Primero es tu recuperación. Todo lo demás puede esperar.

Baldomero y yo hicimos un gran esfuerzo para no llorar frente a él. Ya nos habíamos puesto de acuerdo en ello. No queríamos llorar para que Josafat no se mortificara y que nuestra llegada no fuera un encuentro más triste todavía. Nos retiramos para instalarnos en el hotel. Teníamos el alma hecha pedazos. No podíamos dar crédito a aquél cuadro tan desgarrador. Nos estrujó el corazón, pero nos consolaba que nuestro Josafat estaba vivo y nos había reconocido enseguida, cosa que nos reconfortó un poco al darnos cuenta de que sus pensamientos eran coherentes y en ese sentido era un buen comienzo.

Esa primera visita fue breve, apenas una media hora, pues él estaba sedado. No podía estar conciente por mucho tiempo. Más tarde los médicos nos explicaron que los dolores que le daban eran demasiado intensos. Físicamente no era posible soportarlos, por lo que era conveniente mantenerlo sedado para evitar que sufriera.

Regresamos unas pocas horas después. Nos presentamos a las nueve de la mañana en el hospital. Francesco Nicosia, el director del centro y quien hablaba perfectamente el español, ya nos esperaba para darnos los pormenores del caso. Nos informó:

—El muchacho sufrió la amputación de sus piernas. No fue posible salvarlas o reimplantárselas pues era prioritario salvar su vida, puesto que nosotros lo recogimos muerto. Clínicamente él estaba muerto: no tenía pulso, el corazón lo tenía en paro, le faltaban cuatro litros y medio de sangre. Gracias a Dios lograron resucitarlo con el resultado que conocemos. ¿Qué sigue? Tiene un hematoma muy grande en la frente, como ya vieron. Presenta un coágulo que esperamos que se reabsorba. En el hombro tiene un golpe muy fuerte que no sabemos cómo se hizo, como si se hubiera clavado una varilla. Además, trae una fisura muy peligrosa en las cervicales, lo cual es muy delicado, pues por ahí pasa una arteria muy importante y debe permanecer totalmente inmóvil, pues con cualquier movimiento brusco la vértebra podría rebanar la arteria con consecuencias fatales. Debemos también mantener en observación los riñones para verificar que no hayan sufrido algún daño, porque cuando se vacían de sangre pueden llegar a atrofiarse. Además presenta múltiples golpes en sus brazos y en su espalda.

Después de que el doctor Nicosia nos habló de su estado, vimos de nuevo a Josafat. La mitad de la espalda de mi hijo estaba sin piel. También tenía la carne viva en sus antebrazos. Imaginé que cuando ocurrió el accidente, su cuerpo se arrastró y friccionó contra el suelo. El médico también nos comentó que trasladarían a mi hijo a un cuarto privado para que estuviéramos con él todo el tiempo que quisiéramos, ya que en cuidados intensivos las visitas sólo eran de una hora. Nos dijo además que para una mayor comodidad, nos pondrían un sillón para que descansáramos mientras acompañábamos a Josafat.

El doctor Nicosia nos presentó con el personal del hospital, quienes se portaron magníficamente con nosotros. Tanto los médicos como las enfermeras siempre nos dieron un trato especial. Incluso, la administradora del hospital, la señora Bertoni, nos ofreció su casa por si queríamos descansar, lavar ropa o cualquier cosa lo que se nos ofreciera durante nuestra estadía. Nos dijo que su casa era la nuestra y podíamos disponer de ella. Conmovidos por su ofrecimiento, le comentamos que ya estábamos instalados en un hotel cercano.

Ese día por la tarde se comunicó también una amiga de la señora Elda, esposa del doctor Alejandro Martínez Garza, un excelente médico maxilofacial amigo de nosotros y a quien tenemos mucha confianza. Cuando se enteraron del accidente de *Josa*, su esposa se contactó con una amiga suya llamada Rosy Suro de Nobelli, una señora de Monterrey casada con un italiano que vive en la región de La Toscana. Esta amable señora hablaba todos los días con el doctor que estuviera de guardia en cuidados intensivos para conocer el parte médico. Después de recibir los informes, les pedía que la comunicaran conmigo y me explicaba pacientemente lo que le habían dicho. Esta increíble persona habló todos los días hasta que abandonamos el hospital. Por desgracia, no pudimos despedirnos de ella porque nuestra salida no estaba planeada. Una noche nos informaron: "Mañana llegan los médicos para llevarse a México a Josafat. Ya se va".

Durante mi estancia en el hospital rezaba el rosario diariamente, ahí en el cuarto, mientras acompañaba a mi hijo. Recuerdo que al tercer o cuarto día de que llegamos, mi esposo había salido y sólo me encontraba con Josafat, que estaba dormido. Mientras rezaba, vi cómo bajaba del techo de su cuarto (como si se descorriera una cortina o una persiana) la imagen de la Virgen de Fátima. Bajó lentamente, se fue como si flotara a la cabecera de Josafat, permaneció un ratito muy breve y se esfumó…

A los tres días de este hecho, todas las heridas de Josafat cicatrizaron completamente. O al menos las externas y visibles. Sorprendido, el doctor Nicosia me preguntó:

–Amanda, ¿todos los mexicanos son así para sanar? ¿Todos sanan tan rápidamente como tu hijo?

Le contesté que realmente no lo sabía, pero que daba gracias a Dios de que eso hubiera sucedido con él.

Tengo muy presente que cuando comencé a rezar el rosario en el hospital, se me acercó una enfermera de nombre Rosa. Aunque habló en italiano le entendí muy bien cuando me dijo que como veía que yo rezaba, quería regalarme un rosario con la imagen de la Madre Teresa de Calcuta que había comprado en Roma y que estaba bendito por Juan Pablo II, quien había muerto apenas unos meses antes. Me lo dio para que lo usara todos los días cuando rezaba, y así lo hice.

Mientras estaba en el hospital acompañando a mi hijo, me la pasaba viéndolo, observándolo. Para ser sinceros, desde que me avisaron que

Josafat había sufrido un accidente, pensé realmente que estaba muerto. Cuando me informaron que estaba en el hospital y que intentaban salvarle las piernas después de un accidente de tren, en verdad dudé de que siguiera con vida. Cuando lo encontramos en su cama de hospital me enfrenté a una serie de sentimientos encontrados. Qué bueno que está vivo, decía. Pero por otro lado pensaba "qué terrible que haya perdido sus piernas". Por eso siempre lo veía continuamente. No me cansaba de mirarlo.

Un día, mientras lo estaba observando, entre los pliegues, las arrugas y la sombra de las sábanas de su cama –unas sábanas muy blancas, de tela muy delgada y fina– se formó una figura: vi exactamente el rostro de Cristo. "¿Estás segura?", me preguntó mi esposo. "Te lo juro, lo vi claramente", contesté. Era como la imagen de unas lámparas que en el interior traen una especie de concha con esa efigie y que se muestra cuando la encienden. Así lo vi. Entiendo las dudas de mi esposo, pues a mí también me costó trabajo convencerme, pero fue lo que pasó. No estoy mal de la cabeza, pensaba. A pesar de mi dolor siempre estuve coherente, sabía lo que hacía y tenía los pies sobre la tierra. En el momento en que observaba esta aparición, Josafat se movió, jaló la sábana y desapareció.

Todos los días visitaba a Josafat un sacerdote colombiano, Gilberto Cáceres. También iba diariamente otro padre, un cura rumano que no hablaba español pero saludaba y se mostraba muy amable. También lo visitaba una religiosa llamada Elvira. Ellos estuvieron siempre a nuestro lado.

Desde nuestra llegada a La Spezia, recibimos llamadas de mucha gente que se ofrecía para servirnos de intérpretes o ayudarnos en lo que hiciera falta. De esta forma se presentó ante nosotros Luis Roberto Pérez Arce, un argentino casado con una italiana desde hacía 40 años que y que vivía en la ciudad. Él llevó a otros dos amigos suyos, la señorita Paula y el joven Marcello. Ellos tres siempre estuvieron pendientes de nosotros. Nos regalaban tarjetas para llamar del teléfono público que había en el hospital, pues decían que no podíamos gastar el crédito de nuestros celulares, a menos que fuera una llamada urgente.

Josafat también recibió muchas muestras de apoyo y cariño. Sobre todo por parte de niños, jóvenes y señoras que le mandaban dulces, tarjetas, pasteles, chocolates. Algunos señores lo visitaban también para darle ánimos. Todavía tengo guardadas algunas de las tarjetas que recibió.

En La Spezia había una comunidad religiosa relacionada con la casa de la salud. Ellos se mantuvieron pendientes todo el tiempo de la recuperación de Josafat. Incluso, contactaron al manager del piloto italiano corredor de Fórmula 1 y excampeón de la Serie Cart, Alessandro Zanardi, quien perdió ambas piernas en un accidente automovilístico en 2001, y que luego de un periodo de rehabilitación le colocaron unas prótesis y volvió a destacar en el deporte. Tenían la intención de que Zanardi conociera a *Josa* para que platicara con él, lo viera caminar y le sirviera de aliciente. Desgraciadamente este encuentro no fue posible, pues el corredor no se encontraba en Italia. De todos modos, nos dieron información sobre una compañía que podría encargarse de las prótesis de mi hijo.

La presencia de Luis Roberto y del padre Gilberto fue muy importante durante la estancia en el hospital. Luis Roberto se portó como un hermano para nosotros. También el padre se quedaba siempre a platicar. Nos decía que Josafat había cambiado la fe de la gente en la ciudad. Aseguraba que desde su accidente, la comunidad era más creyente y estaba más entregada a la Iglesia. "Le voy a poner San Josafat", decía bromeando.

También nos invitaba a mi esposo y a mí a visitar algunos lugares cercanos. Decía que existían unos paseos hermosos en la región, que él podría mostrárnoslos. Siempre le dijimos que no, que algún día regresaríamos de vacaciones. "Pero si Josafat está bien cuidado, ¿qué más quieren? ¡Miren cómo lo atienden!", nos insistía. Sabíamos de antemano que no podríamos disfrutar un paseo con mi hijo internado. Preferíamos estar con él, pues además temíamos que por su condición delicada, algo le ocurriera en cualquier momento.

Todos los días, de camino al hospital desde nuestro hotel, hacíamos el mismo recorrido. Pasábamos por el local donde nos lavaban la ropa y por la frutería donde comprábamos algunas cosas por si nos daba hambre durante el día, e invariablemente en esos lugares las personas nos preguntaban sobre la evolución de mi hijo. Llegábamos al hospital San Andrés a las nueve de la mañana y al mediodía nos llevaban de comer. Una comida excelente que no tenía sabor de hospital y que nunca supimos de dónde la mandaban. Aunque pasábamos muchas horas ahí, no nos aburríamos mi esposo y yo. Diariamente, el personal de enfermería, que eran bastante, llegaba y de inmediato se reportaban con nosotros. Y cuando tenían tiempo libre, llegaban a platicar a la habitación donde estábamos. Siempre teníamos visitas.

Ya cuando Josafat estuvo más tiempo despierto, esas visitas y las pláticas aumentaron. Cuando a Rosa, la enfermera que me dio el rosario, le tocaba atender a mi hijo, les decía a las otras enfermeras: "¡Se me van, este paciente es mío!". Las otras protestaban y alegaban que no, que no había nada más que ver. Decía que los demás pacientes eran viejitos muy enfermos que estaban a punto de morir y que *Josa* era "lo único bueno que tiene el hospital". Bromeaban y ahí se quedaban por un rato largo. Incluso, ya habían aprendido bastantes palabras en español y eso hacía que nos entendiéramos muy bien.

Algo que me enterneció mucho fue que la señora que hacía la limpieza del área en la que estaba mi hijo, iba siempre a saludarnos y veía a Josafat desde la puerta. Un día llegó y le regaló afectuosamente un disco de Laura Pausinni. Le agradecimos mucho ese detalle.

A las nueve de la noche mi esposo y yo salíamos del hospital. Íbamos a cenar a los restaurantes que estaban en los alrededores, pues caminábamos todo el tiempo. Una noche llegamos a un local que tenía tipo de restaurante mexicano. Al escuchar que hablábamos en español, una mesera se acercó y nos preguntó que de dónde los visitábamos.

–Venimos de Monterrey –contestamos.

–¿Vienen a ver a Josafat? –quiso saber.

–Sí, respondimos.

–¿Qué son ustedes de él? –insistió curiosa.

–Somos sus papás, dijimos.

–Ah… ¿y cómo está la novia de su hijo? –volvió a preguntar.

–No, mi hijo no tiene novia, aseguramos.

–Sí tiene novia, la traía con él –aseguró la señorita.

–No, él no tiene novia –insistimos.

–O tal vez se la trajo escondida… –volvió a cuestionar.

Al preguntarle por qué decía todo eso, nos contó que uno de sus compañeros llegó a la estación justo después del accidente y vio a una chica sentada en el piso que tenía a Josafat recargado en su pecho. Lo abrazaba mientras intentaba reconfortarlo. Le aseguramos que si nuestro hijo tuviera novia y la hubiera traído, seguramente nos lo habría dicho.

–Pues bueno, sólo porque no está aquí mi compañero, pero juro que es cierto. Él me lo dijo –agregó seriamente la chica.

No tuvimos oportunidad de comprobar este incidente. Preguntamos a quien pudimos, pero nadie nos supo decir. Le preguntamos a Josafat y él volvió a asegurarnos que nadie estaba con él cuando ocurrió el accidente. Esa anécdota quedó como un misterio, pues nunca supimos nada más. Incluso le preguntamos al médico que lo recibió en el hospital y dijo que no vio a nadie más con él. Este médico era un doctor muy joven y todos los días, al llegar al hospital, se quedaba parado e inmóvil mirando largamente, y de arriba abajo, a Josafat.

–Yo recogí un cadáver –nos dijo un día.

Nos comentaba que nuestro hijo era apenas un muchacho que podría ser su hermano o su primo y que cuando lo atendió, sintió mucha desesperación, pues no podía creer que estuviera muerto. Por eso todos los días pasaba a verlo y me decía:

—No puedo entender este milagro, porque juro que él estaba muerto. Aunque lo auxiliaron, no tenía sangre, no presentaba pulso. Le aseguro que estaba muerto.

La atención que recibió fue muy rápida, pues luego del accidente, llegaron rápidamente dos elementos de la policía de La Spezia, quienes le dieron los primeros auxilios y esperaron a los paramédicos antes de trasladarlo al hospital donde lo recibió este doctor.

Así fueron pasando los días en el hospital, con la misma rutina. Bendito Dios siempre estuvimos muy reconfortados, siempre sentimos su presencia con nosotros: esa fuerza que llegó a nuestro corazón y nos ayudó para ir soportando día a día ver a mi hijo sin mis piernas. Jamás se lo dijimos, pero nos preocupaba y nos dolía muchísimo que hubiera perdido sus extremidades.

Cuando los doctores consideraron que mi hijo podía viajar, que ya no había riesgo por las horas de viaje (nosotros tardamos 33 horas en llegar), que no había peligro de que se le infectaran sus heridas por tantas horas en el avión, un médico y un paramédico llegaron para asistir a Josafat en su traslado a Monterrey.

Los médicos decidieron que era un buen momento para ser trasladado. Me dijeron "traemos demasiado equipo. Teníamos la idea de que era un paciente muy grave y no es así como lo encontramos. Está perfectamente bien, salvo porque no tiene sus piernas".

Prepararon todo para salir ese día por la mañana. Como siempre, ahí estuvo Roberto, quien había hablado con los dueños del Hotel Corallo y sólo nos cobraron la mitad de la cuenta. Fue una atención hermosa que tuvieron los dueños del hotel.

Antes de partir, Roberto, Marcello, Paula, los médicos, enfermeras y demás personal del hospital nos esperaron para despedirnos. Francesco Nicosia, le dijo a Josafat: "Por el tiempo que te conocí aquí, estoy seguro de que volverás a caminar. No tengo la menor duda, y sé que lo vas a hacer con la frente en alto como eres tú. Aquí te voy a estar esperando". Acto seguido nos despedimos con lágrimas en los ojos.

Cerramos un capítulo de mucho dolor, pero también de mucho aprendizaje, de amor a la vida y de amor a Dios. Marcello nos decía "somos hermanos, tenemos la misma bandera, la bandera de nosotros es igual que la de ustedes".

Al fin, con los dos doctores y el arsenal médico que llevaban desde México, subieron a Josafat a la ambulancia. A nosotros nos llevaron en un automóvil hasta Milán. De ahí volamos al aeropuerto de Barajas, en Madrid, donde nos esperaba otra pareja amiga del doctor Alejandro Martínez Garza, Manuel López y Theresa Zabell. Ellos viven en Madrid, y fueron quienes le hicieron el favor a Josafat de guardar su maleta con toda la ropa que le sobraba a mi hijo antes de continuar su viaje.

Nosotros no veíamos a Josafat porque lo bajaban los médicos y no sabíamos que en los aeropuertos existían salas especiales para personas que viajan enfermas o en condiciones de cuidado. De Madrid volamos a la Ciudad de México y de ahí llegamos al aeropuerto de Monterrey, donde ya estaba una ambulancia para ir directo al hospital San José. Aquí nos esperaba mi hija Amanda y mi yerno, César Ayala. En el hospital nos esperaban también mis padres, Job y María, todas mis hermanas y muchos amigos de Josafat. Se encontraba también el neurocirujano David del Pozo, quien iba a estar a cargo del caso, pero como ya tenía una semana esperando y debía salir de la ciudad, dejó al frente al doctor Sergio René Martínez Sánchez, un neurocirujano también excelente. Hasta el día de hoy, sigue atendiendo a Josafat, a su familia y a nosotros en todo lo que se ofrece de esa especialidad.

Apenas llegamos al hospital me dijeron "hay que meterlo al quirófano". Sorprendida, les pregunté por qué. Con tantas horas de vuelo fuera del área estéril, un muñón se le había infectado. El cirujano, el doctor Villegas, me dijo que debían cortarle un pedacito. ¿Qué tanto?, pregunté al médico. Cuando me señaló con la mano le repliqué: "¡Es mucho! ¿Qué va a pasar con *Josa*, a donde le van a poner las prótesis si le van a estar cortando a cada rato?". Ante mi insistencia de que ya tenía los muñones muy pequeños, me dijo que sí se le podían adaptar unas piernas. Josafat, muy tranquilo como siempre, me dijo: "Mamá, deja que hagan su trabajo, tú no te angusties". El doctor me explicó que debía quitar lo infectado porque de lo contrario la infección podía extenderse y sería peor.

Permanecimos ahí dos semanas y en los días que estuvimos lo visitó una doctora especialista en rehabilitación. Lo valoró y nos dijo que iba a mandar a nuestra casa a Lety, una de las personas de su equipo de trabajo. Era increíble que si Josafat se quería sentar no podía, se iba para atrás. Le recomendó que hiciera unos ejercicios para que empezara a fortalecer la columna y pudiera sentarse sin estar recargado en nada.

Exactamente a las dos semanas le dijeron que podía irse a casa. Fue el 8 de agosto, paradójicamente el día en que Josafat regresaría de Europa si todo hubiera salido como lo esperábamos. Yo pensaba "mi hijo iba a regresar el 8 de agosto a nuestra casa, pero no viene de Europa, viene del hospital. Se fue con dos maletas de ropa y una llena de ilusiones, y regresa aquí con dos maletas de ropa, sin dos piernas, pero con una mochila llena de esperanza, porque nadie sabemos qué nos esperaba en el futuro". Al menos nosotros no lo sabíamos, pero él sí. Josafat tenía la certeza de lo que le sucedería: "Yo voy a caminar, me van a poner dos piernas biónicas…", decía seguro de sus palabras. Siempre estaba muy feliz, muy alegre.

Incluso, cuando estaba en el hospital, el neurocirujano me dijo:

—Con todo respeto, Josafat puede estar un poquito alterado por tanto sedante que le dieron en Italia. Cuando se les da muchos sedantes para mitigar el dolor, los pacientes se encuentran en un estado de euforia porque el cuerpo tarda un tiempo en desecharlo y cuando eso pasa, caen en una depresión tremenda.

—No, y no quiero pensar en eso.

—Bueno, ¿cómo es su hijo? —preguntó.

—Pues así como lo ve. Siempre ha sido así —le aseguré.

—Estoy de acuerdo con que siempre haya sido así como lo ve ahorita, pero ¿después de lo que le pasó, señora? Ninguna persona estaría en esas condiciones mentales y espirituales y lo veo muy fortalecido —dudó el médico.

—¡Ay doctor, no me asuste! —le dije.

Entonces me mandó al mejor psiquiatra de Monterrey. Llegó el especialista pero no habló conmigo en el cuarto. Hicimos cita para vernos afuera. Me preguntó los pormenores de Josafat y me dijo que llegaría a hablar con él como un amigo.

Llegó y lo saludó. Le comentó que era un amigo de su doctor y le preguntó cómo se encontraba. Josafat lo cuestionó:

—Doctor, ¿lo mandó mi mamá? ¿Qué es lo que quiere?

—Bueno, es que en tus condiciones nadie puede estar así como tú, tan relajado, conforme, alegre todos los días; haces bromas de todo, no te deprimes, eso no es normal en ninguna persona de ninguna edad.

—No doctor, pero yo por qué voy a estar mal si voy a volver a caminar. Voy a regresar al Tec, terminaré mi carrera, trabajaré con mi papá, me voy a casar y formaré una familia...

Cuando salió el psiquiatra me dijo:

—No tiene de qué preocuparse, su hijo tiene un proyecto de vida bien definido, sabe a dónde va y cómo va a llegar. Entonces, una persona que tiene un proyecto así, sabe qué hacer y la manera de lograrlo, no es alguien que se pueda deprimir.

Por mi parte, ya le había hablado a Marlene, la chica que en ese entonces nos ayudaba en la casa. Le pedí que no hubiera tijeras, objetos filosos ni nada con lo que mi hijo se pudiera lastimar. Le indiqué que quitara incluso adornos con los que pudiera causarse daño. Limpió su recámara de adornos y cosas porque pensaba lo mismo, pero todo terminó bien.

Regresamos a la casa y todos sus amigos estaban todo el día ahí. Quienes estaban en la escuela salían y pasaban a verlo, los vecinos nos visitaban y cenaban con él, veían películas, jugaban con sus consolas o veían la televisión. Pero a diario tenía su rehabilitación con la señorita Lety.

Después acudió para apoyarlo en este trabajo otro rehabilitador, Óscar Tabitas. Con él mi hijo fortaleció sus brazos, porque le dijo que debía ponerse muy fuerte. Él hizo su tarea y entonces fue el momento de adaptarle las prótesis: ya tenía equilibrio, estaba en condiciones.

Fuimos a un lugar que nos había recomendado la doctora jefa de Lety y resultó un fracaso, porque el hombre que lo atendió le dijo: "Tú nunca vas a caminar solo. Lo más que podrás hacer será caminar con dos muletas o un andador. Tú solo no podrás". Y por más que mi hijo le decía que sí era posible, él le insistía: "No puedes".

Yo sentí mucho coraje… Primero sentí mucho dolor, mucho sentimiento, como un espasmo en el corazón; luego me dio bastante coraje y pensé: "¡Viejo desgraciado!, pero voy a venir sola a decirle su precio".

Después de ver a esa persona, impertinente y fría, Josafat ya no quería ver a ningún otro protesista. Yo quería darle en la cabeza con las muletas que tenía ahí, se las quería partir. Me dijo: "Mamá, ese hombre está tonto. Ese hombre no puede saber más que yo, que soy el paciente y sé cómo me siento; sé lo que quiero y cómo puedo conseguirlo. Él no sabe nada, está mal de la cabeza y ya no voy a ver a ningún protesista".

Yo sí fui a ver a otro protesista, un señor muy amable. Me dio su opinión y me mostró sus opciones, lo mejor que me podía ofrecer para que *Josa* intentara moverse solo. "Pero caminar, caminar solito, se me hace que no", me dijo muy diplomático, la otra cara de la moneda. Luego me fui con otro, un médico en el Hospital Universitario, quien me dijo que tendría que pedir unas muletas a Canadá. Y entonces Josafat me reprendió:

—Ya no gastes tu tiempo, no quiero estar un día más en Monterrey, ya vámonos. Te digo que aquí no me van a resolver nada.

Entonces mi cuñada Sherry, esposa de mi hermano José, que es terapista certificada porque estudió en Estados Unidos esa especialidad como carrera universitaria, le mandó a Josafat una caja con bastante información sobre las opciones de prótesis que conocía. Le dijo que había tres empresas que podrían ayudarlo. Después ella me confió que sabía que Hanger era la mejor opción, pero no quería influir en la opinión de Josafat. Él tomó la decisión y dijo: "Quiero ir a esta empresa. A esa quiero ir". Mi cuñada hizo la cita para acudir y entonces pensé, cómo me voy a ir con mi hijo. Yo tenía otra óptica, estaba asustada, pero un amigo de mi esposo nos prestó su avión para que nos fuéramos directo de Monterrey a Oklahoma, donde estaba esta compañía y donde también vive una de mis hermanas. El esposo de mi hermana Rosa, mi cuñado Denis Williams, se encargó de toda la logística, nos consiguió el aeropuerto más cercano en Oklahoma y nos esperó con su camioneta para bajarlo del avión.

Curiosamente, la cita que nos consiguió mi cuñada fue para el día 12 de diciembre. Nos fuimos el viernes 9 y el lunes era la cita. Llegamos a la clínica el día de la virgen de Guadalupe, junto con mi hermana, mi cuñado y mi cuñada. "Aquí sigue la virgen, dirigiendo los pasos de mi hijo. Y creo que vamos por buen camino", pensé.

El trabajo de *Josa* en Hanger fue una labor titánica, pues mi hijo estaba ahí diariamente, de lunes a domingo. Tan obsesivo estaba él como su rehabilitador. Y es que cada día que pasaba lograba algo más.

El resto de su rehabilitación ya lo contará él en este libro.

Además de Dios, hay muchas personas a quienes queremos agradecer por su ayuda. Incluso gente que no conocemos. Cuando regresamos de Italia, mi sobrino Jafaeth nos dijo que en dos o tres ocasiones acudió a una misa, un rosario, o a hacer guardia de oración por Josafat González, sin que supieran que era su primo. En algunas colonias muchas gente que no conocemos ofrecieron misas, rosarios; hubo grupos de oración que estuvieron pidiendo por mi hijo y en muchas ciudades donde teníamos amistades sabíamos que también pedían por su recuperación. Las mamás de sus amigas y amigos, igual lo hicieron.

Yo le digo a Josafat que esa es la razón por la que estuvimos todo el tiempo tan fortalecidos, la razón por la que nunca nos caímos durante las tres semanas y media que estuvimos en Italia. Es el motivo por el que siempre estuvimos tranquilos, la razón por la que las cosas siempre estuvieron saliendo bien.

Deseo que Dios bendiga a toda la gente que pidió por nosotros. Inclusive hasta la fecha, Josafat ha conocido a muchas personas en los lugares a los que asiste. En restaurantes o en la calle se le acercan y le dicen: "¡Qué bueno que te conozco, yo pedí mucho por ti!". A diez años de su accidente, muchos nos dicen que rezaron por él y qué bueno, porque es sabido que cuando pides por otra persona, Dios te ayuda a ti también.

Aquí durante mi visita en La Spezia con el Dr. Francesco Nicossia.

Pienso que, ante una situación tan difícil como la que pasamos, fuimos muy afortunados por encontrar nuevos amigos. La gente fue solidaria. Incluso los dueños del hotel donde se hospedaron mis padres les ofrecieron un descuento muy generoso.

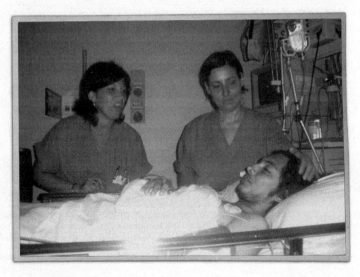

Deseo que Dios bendiga a toda la gente que pidió por nosotros.

Amanda, madre de Josafat.

Tras el alta médica, el seguro envió a un doctor y a un asistente para verificar que yo pudiera abordar el avión. Aquí con el doctor que viajó conmigo.

5

REHABILITA-CIÓN: LOS PASOS QUE DEJARÁN HUELLA

Cada día hay muchas oportunidades para superar y ser resiliente ante la adversidad.

Cameron Clapp

La memoria no guarda películas, guarda fotografías.

Milan Kundera

MEMORIA DE UNA IMAGEN

Tengo registrado en fotos todo el viaje del verano de 2005, desde que llegué a Madrid hasta que estaba en la cama en el hospital de La Spezia, en Italia. Son más de 1,680 fotografías organizadas en 13 carpetas que ocupan casi 80 megas del disco duro de mi computadora.

Antes de viajar y desde el inicio de mi estancia académica, decidí que llevaría la memoria gráfica de esta travesía para rememorarla en el futuro a través de los diferentes momentos capturados. Estaba convencido de que no podía confiar completamente en mis recuerdos si alguien me preguntara, años después, sobre algún aspecto en particular de mi visita a Europa.

Siempre me ha gustado tomar fotografías. Es una práctica que nunca he llevado al ámbito profesional, pero que me ha permitido ir armando una narración visual de momentos importantes de mi vida.

Con las fotos en Europa deseaba compartir mi experiencia con mi familia. Me entusiasmaba la idea de mostrar a mis papás, a mi hermana, a mi abuela, a mis amigos y compañeros de la universidad los lugares que visitábamos durante mi intercambio escolar. Salía todos los fines de semana con un grupo de compañeros que, como yo, teníamos mucho interés en conocer y disfrutar lo más posible de sitios del viejo continente. Además, claro, de incluir aquellas fotos que realizaría cuando concluyera mi estancia en la escuela.

Así que, armado con los ¡cuatro megapíxeles! de mi entonces pequeña y poderosa cámara digital, me dispuse a fotografiar todo lo que a un joven de mi edad le podría atraer de una desconocida Europa.

Mis colecciones fotográficas combinan diversos intereses, así que de repente abordan detalles arquitectónicos de las ciudades que visitamos, pero también paisajes de los trayectos, arte, vida cotidiana, aspectos culturales y, por supuesto, muchos retratos de nosotros en lugares turísticos. Desde entonces ya poníamos en práctica lo que hoy conocemos como *selfies*.

Ahora que miro estos materiales, encuentro en ellos una mezcla de asombro y gozo ante todos esos lugares nunca antes vistos. En esas fotos que hice noto una especie de deseo por perdurar, permanecer, de servir como un vehículo a la memoria, a la posteridad. Tal vez muchas de ellas ni siquiera sean buenas fotografías, pues ninguno de nosotros éramos profesionales de la imagen. Probablemente en algunos casos el ángulo de la toma no fue el adecuado. Puede ser incluso que las condiciones de luz no fueran las óptimas o fallaran los encuadres. Quizás encendimos el *flash* cuando no se debía, o lo apagamos cuando era necesario. Pero a la larga creo que eso no importa. Lo que sé con seguridad es que estas instantáneas me parecen interesantes y divertidas. Son *nuestras* fotos, nuestra propia interpretación y manera personal de asir la que en ese momento era nuestra realidad.

De Madrid tengo fotos del campus y las aulas de la Universidad Pontificia Comillas, del museo del Prado, del Palacio Real, de la plaza de toros de Las Ventas, del estadio Santiago Bernabéu y sus trofeos, de las calles, plazas, parques y vida nocturna de la ciudad; del museo Reina Sofía y del monasterio de San Lorenzo de El Escorial.

Incluso, tengo tomas de un concierto que dio Alejandro Sanz, junto a la emblemática Puerta de Alcalá, en el que participó la colombiana Shakira, para mostrar su apoyo a la entonces candidatura de Madrid como sede de los Juegos Olímpicos de 2012, antes de que Londres le arrebatara la posibilidad de organizarlos. También hay imágenes de las excursiones a sitios cercanos durante los fines de semana: de Sevilla, Toledo, Barcelona y Lisboa. También documenté mi visita a Mónaco y más tarde hice otras fotografías en Italia.

Un día, revisando mis carpetas con archivos vi algunas imágenes de mi viaje y recordé una anécdota en Portugal que me hizo gracia: Con un grupo de unas 12 personas rentamos camionetas para trasladarnos de Madrid a Lisboa. Fue un fin de semana muy divertido, paseamos por la ciudad y conocimos algunos lugares, entre ellos disfrutamos de un día de playa.

Después de nadar, jugar y asolearnos en la playa, y con la ropa cómoda y veraniega con la que anduvimos todo ese día, con otros tres amigos fui a comer a un exclusivo corredor de restaurantes. Cuando nos sentamos en una mesa, no pudimos dejar de notar la mirada extrañada de los clientes del lugar, e incluso nos veían personas de otros establecimientos. Suponíamos que esa especie de curiosidad era por nuestra manera de vestir.

Pensamos que juzgaban nuestra apariencia de jóvenes turistas, pues los demás comensales vestían de manera formal e iban muy arreglados; en cambio, nuestro aspecto desentonaba completamente con el lugar. Sinceramente no nos incomodó mucho la situación, así que, seguros de nosotros mismos, dejamos de prestarles atención y nos dispusimos a ordenar y comer.

La comida estuvo realmente deliciosa y cuando terminamos, pedimos la cuenta. Cuando nos la llevaron entendimos el motivo de la extrañeza de los demás clientes: ¡pagamos 350 euros por el consumo de cuatro personas! Incluso hoy, esa cantidad es una pequeña fortuna.

Aunque no soy muy afecto a revisar cotidianamente mis archivos, entre esa memoria gráfica del verano de 2005 encontré una imagen que me hizo reflexionar. En ese retrato se ve a un joven de veintitantos años que en una tarde soleada, posa frente a un puerto de espaldas al mar. Es un muchacho que se adivina alto, muy delgado y de rasgos finos. Luce un bronceado uniforme, porta lentes oscuros, gorra con visera al revés, adorna su mano izquierda con pulseras textiles, carga una *backpack* con los tirantes en ambos hombros y viste camiseta blanca con letras rojas y una bermuda en tonos rojo, negro, naranja y amarillo. Recargado sobre un muro de piedra y concreto, mira directamente a la lente de un fotógrafo desconocido, con apenas un asomo de sonrisa.

El personaje de la foto soy yo. La imagen se capturó en el puerto La Condamine, uno de los diez distritos entre los que se divide el Principado de Mónaco. Es un barrio antiguo, histórico, peatonal y de intensa actividad comercial. De acuerdo con los metadatos de la fotografía, ésta se tomó el 28 de junio de 2005, a las 15:39 horas. Pero, ¿por qué puede ser importante esta imagen? ¿Qué llama mi atención y me lleva a la reflexión?

En la instantánea llevo puesta la ropa que traía unas horas después, cuando un tren me cambió la vida al cercenar mis piernas. Vestía una de mis camisetas favoritas: blanca, de manga corta con una leyenda *Dazed & Confused*, así como una bermuda multicolor. En Italia, los paramédicos tuvieron que cortar este *short* antes de llegar al quirófano. Mientras me atendían, hacían esfuerzos por mantenerme con vida e intentaban frenar una fuerte hemorragia luego de que una de mis extremidades fuera arrancada de tajo por las ruedas del ferrocarril y la otra quedara apenas unida a mi cuerpo, aunque no por mucho tiempo.

Como si se tratara de un funesto presagio, en esta fotografía ya no aparecían mis piernas. La imagen se corta precisamente arriba de la rodilla. Cada vez que la miro pienso que, convertido en una suerte de adivino, el fotógrafo anticipó de algún modo el futuro que me esperaba.

LA REHABILITACIÓN. LOS PASOS QUE DEJARÁN HUELLA

No soy una persona sabia a la que se puede recurrir para pedir consejo. Muchas veces no tengo las respuestas adecuadas a las preguntas que me hacen algunas personas interesadas en mi vida.

De hecho, cuando hablo frente a un grupo de gente generalmente les advierto que no estoy ahí para enseñarles algo, darles soluciones, decirles cómo hacer las cosas, indicarles la manera en que deben dirigir su vida u ofrecerles el camino hacia la felicidad. Lo que les digo es que voy a contarles mi historia, a hablarles de mi experiencia, a mostrarles que si saben enfrentar con suficiente voluntad y un objetivo claro los retos que el destino les imponga, entonces nada será imposible. Eso es lo que a mí me resultó y es también lo que quiero comunicar y compartir, con el deseo de que si después de escucharme alguien del público consigue cambiar su manera de percibir su realidad, entonces puedo sentirme satisfecho.

Desde que los médicos en Italia me confirmaron que había perdido ambas piernas, uno de mis pensamientos recurrentes era el qué iba a pasar conmigo. A mis 24 años no existía en mi imaginación la idea de verme atado a una silla de ruedas de por vida, o en su defecto depender permanentemente de terceras personas.

Desde la cama del Hospital de San Andrés en La Spezia, mis objetivos fueron claros y determinantes: regresar a graduarme y caminar otra vez. ¿Cómo? No tenía la menor idea. Desconocía qué tipo de tecnología existía para lograrlo, cómo funcionaba y dónde la podía conseguir, pero estaba seguro de que lo iba a hacer. Quería volver a caminar. No tenía piernas, pero estaba vivo, así que caminar de nuevo era el paso siguiente y obligado para mí.

Fiel a mi deseo, esperaba que al llegar aquí mi rehabilitación fuera inmediata. Creía que en mi ciudad encontraría los medios necesarios y a las personas capacitadas para apoyarme en esta cruzada contra el destino. Empecé a buscar opciones y entonces comenzó un periodo que recuerdo con mucha tristeza, pues lo único que conseguí fue una enorme decepción al no encontrar especialistas capacitados y con los conocimientos suficientes para abordar un problema como el mío.

Y es que además, cuando llegué a Monterrey los médicos descubrieron un problema en mi pierna izquierda. Un pedazo de hueso en el muñón había quedado demasiado largo, por lo que era necesario operar de nuevo para cortar el sobrante. De no llevarse a cabo esa intervención, difícilmente me hubiera podido utilizar prótesis, pues no había suficiente "colchón" en la pierna para fijarlas.

Al igual que en La Spezia, los doctores se sorprendieron ante mi actitud, pues pedí que lejos de programar la cirugía para una fecha próxima, se hiciera de inmediato. No tenía nada que perder y para mí el tiempo era un tesoro que no quería desperdiciar.

Nunca había sentido tanto dolor como el que experimenté luego de esa operación. Incluso, a un amigo que se encontraba realizando su Servicio Social en el hospital donde me intervinieron le supliqué que me diera algo para mitigar el sufrimiento. Fue necesario que me tuvieran sedado para que la recuperación avanzara. Además, como en Italia no me habían administrado medicamentos para el dolor al considerar que no los necesitaba, en el momento en que comencé a tomarlos aquí me causaron unas náuseas terribles.

El corte del hueso del muñón no fue una operación sencilla. Derivada de esta intervención, se sucedió una serie de procedimientos para prevenir infecciones y lograr la completa recuperación. Pero la mayoría de estas intervenciones implicaban pequeñas cirugías. Pasé por el quirófano unas 10 veces más hasta lograr el resultado esperado, pero cualquier sacrificio valía la pena ante el panorama poco favorable de verme en una silla de ruedas o dependiendo de otros.

Llegó el momento en que mi presencia en el hospital se volvió casi rutinaria. Entraba riendo al quirófano y la mayoría de las veces las curaciones se llevaban a cabo sólo con anestesia local, así que me dedicaba a cuestionar a los médicos y hacía la broma de que todas las enfermeras conocían ya mis genitales, aunque no fuera cierto y tampoco me importara.

Al recuperarme de esa operación, intenté retomar el control de mi vida. Aún con puntos en las piernas y con ayuda de una rehabilitadora, aprendí a ir al baño, a ducharme, a subir y bajar de la cama, a trepar a la alacena, a abrir el refrigerador, a tomar y alcanzar las cosas que necesitaba.

Sólo faltaba encontrar al especialista adecuado que me ayudara en mi propósito de volver a caminar. La jefa de mi rehabilitadora me recomendó entonces a un protesista. Cuando lo visité sólo recibí desaliento como respuesta. De manera tajante me dijo que volver a caminar "no era posible", que era algo muy difícil. Sin pensar en el efecto que podrían tener sus palabras, afirmaba que una persona de mi condición estaría condenado a una silla de ruedas e imposibilitado para hacer lo que yo siempre creí posible.

En un consultorio que parecía improvisado, otro supuesto especialista con aire de suficiencia y cerrando cualquier posibilidad de equivocación, me espetó sin miramientos: "Tú no vas a caminar". Lejos de entristecerme o enojarme, en ese momento comprendí que existe mucha gente que aprende de manera empírica lo que debería ser una profesión notable.

Tal vez fueran unos buenos torneros y alguien les sugirió que podían hacer piernas, pero con esa carencia de conocimientos que demostraban, su ignorancia palpable y su sobrada soberbia yo pensé: ¿qué autoridad tienen, qué estudios los avalan para que nos digan a los pacientes si podemos o no hacer algo? El problema es que se presentan como si en verdad tuvieran los elementos y la sapiencia para determinar lo que será tu vida de ahora en adelante. Pero si tú les crees, ahí te quedas.

Los días pasaban y sentía que no avanzaba en mi recuperación plena. Usé muletas y un andador en mi búsqueda de soluciones y todavía consulté con otro especialista más amable, menos arrogante, pero también desactualizado respecto a la tecnología de las prótesis. Este hombre me colocó unas prótesis rígidas, completamente inmóviles y muy poco funcionales. Mi mamá decía que eran mis piernas de Pinocho… Y una de las sugerencias para el uso de estas piernas convencionales era que me las pusiera ¡para bañarme!

Meses después de que regresé a Monterrey, aún no caminaba, lo que me causaba muchos conflictos conmigo mismo. Llegué a cuestionarme qué estaba haciendo mal, si acaso no estaba poniendo todo de mi parte, toda mi intención. Yo estaba seguro que sí, pero aún no obtenía los resultados esperados. Fue frustrante darme cuenta de que no avanzaba aunque le echara todas las ganas. Pero no era yo. Simplemente la rehabilitación que seguía no era la adecuada.

Ahora sé que pude haber comenzado a caminar con otro tipo de piernas, pero me dieron unas prótesis inapropiadas, inestables y dolorosas. Era casi imposible caminar con las prótesis convencionales que se utilizaban y que en ese entonces me proporcionaron; no era lo que necesitaba. No podía caminar, necesitaba apoyo. Por lo tanto, tampoco era capaz de subir escaleras o rampas.

Aunque en ese momento no tuviera los elementos para afirmarlo, estaba seguro de que en otro lugar podría encontrar lo que necesitaba. Y entonces comencé a pensar en Estados Unidos como posible destino para buscar la forma de alcanzar mi objetivo.

Un paso determinante para mi rehabilitación vino unas semanas después por parte de unos familiares que viven en el estado de Oklahoma, en el centro-sur de Estados Unidos. Mi tía Sherry Stephenson —esposa de José, un hermano de mi mamá–, quien es una terapista y rehabilitadora experimentada y estudiosa en la materia, me envió varios videos de fabricantes de extremidades robóticas.

Comencé a analizarlos y en ninguno de ellos aparecía alguien caminado. De pronto, una de esas grabaciones llamó mi atención de inmediato: en ella aparecía un sonriente joven rubio, más o menos de mi edad, que había perdido ambas piernas y un brazo. No sólo caminaba: en el video se le podía ver bajando escaleras, corriendo, surfeando y hasta saltando desde un trampolín. Se llamaba Cameron Clapp y cuando tenía 14 años, al igual que a mí, un tren le arrancó ambas extremidades inferiores, además del brazo derecho, cuando se quedó dormido sobre una vía frente a su casa en California.

Su caso y experiencia fueron para mí como una revelación, pues mostraba de manera tangible que mi sueño de volver a caminar era posible; que la idea de caminar otra vez no sólo estaba en mi cabeza, era una posibilidad real. "Si él puede, yo también", recuerdo que pensé. Y tal vez hasta lo grité.

Investigué lo más que pude hasta enterarme de que Cameron se rehabilitó con una empresa llamada Hanger, Inc., reconocida internacionalmente como el principal proveedor de servicios y productos de prótesis y ortesis (dispositivos biomecánicos externos utilizados para restaurar o mejorar la funcionalidad del sistema músculo-esquelético después de algún trauma deportivo o accidentes laborales), y que ofrecía asistencia clínica diferenciada combinando diversos enfoques progresivos en el uso de tecnologías.

Siguiendo el ejemplo de Cameron, a quien todavía no conocía, me trasladé con mi hermana y mi mamá a Oklahoma en diciembre de 2005, seis meses después de mi accidente, para que me valoraran en la clínica de Hanger en esa ciudad. No sabíamos con certeza cuánto tiempo estaríamos allí; tampoco conocíamos el costo definitivo del tratamiento ni el valor de las piernas, así que aceptamos la ayuda que generosamente nos brindó mi tía Rosa Ma. Armendáriz, hermana de mi madre, quien nos recibió en su casa en Oklahoma durante el tiempo que duró la rehabilitación.

Este centro era el que contaba con las mejores instalaciones y uno grupo de médicos especialistas en rehabilitación de piernas. Incluso, como dato curioso, en el año 2009, esta empresa fabricó la prótesis para la cola de un delfín hembra mutilado por una trampa para pesca de cangrejos, del que se hizo también una película llamada *Winter*, o *Dolphin Tale*. Si con la tecnología actual pueden reconstruir la cola de este mamífero, pronto lograrán cosas inimaginables.

Llegué a Hanger en silla de ruedas y con las prótesis que me habían colocado en México. En el área de rehabilitación me pidieron que diera algunos pasos para determinar mi condición. Amputación bilateral encima de la rodilla, fue el diagnóstico que recibí en esa clínica.

Al determinar que por mi tipo de lesión necesitaba fortalecer mis extremidades, me proporcionaron un par de piernas cortas provisionales (o *stubbies*) para que fuera adaptándome a utilizarlas. Y casi de inmediato a mi llegada a Oklahoma, comencé a dar pequeños pasos de nuevo.

Si bien no era lo que imaginaba, porque las prótesis eran demasiado cortas, me acercaba más a mi objetivo, y se diluía definitivamente la negación que había recibido anteriormente. Parecía un hombre pequeño –de apenas 1.20 metros– que caminaba, y eso me hacía inmensamente feliz. Me subía a mis piernas chiquitas y me fui acostumbrando a estar cada vez más tiempo parado, así como a las caídas. Al principio era muy complicado y doloroso.

Ahora sé que lo importante de comenzar con estas piernas provisionales es que permiten al paciente que se adapte de nuevo al uso de las piernas, posibilitan que uno se acople al movimiento. Poco a poco se va perdiendo el miedo a las caídas hasta lograr el equilibrio y el balance que te permite desplazarte. Es algo completamente nuevo y diferente para tu cuerpo.

El encargado de la promoción y los videos de la compañía, Randy Richardson, tenía una simpatía especial por las personas sin piernas. Nos llevaba a la calle, bajábamos rampas, utilizábamos las escaleras. Era su manera de rehabilitarnos: salir al mundo, encontrar obstáculos. Nos llevaba a comer para sortear los escalones de los restaurantes y para que la gente nos viera, en un intento de que nos acostumbráramos a nuestra nueva condición y que nos adaptáramos a nuestro entorno.

Los nuevos primeros pasos con mis piernas chiquitas los hice acompañado del propio Randy Richardson. Mi primera salida ya caminando, encarrilado al proceso de independencia, fue a comer pizza. No podía ser más feliz. Al otro día, fui a desayunar y luego las salidas se multiplicaron, pues la idea era que practicara todo el día con mis piernas, entre 12 y 14 horas.

En ese momento no alcanzaba a entender el método de Randy para rehabilitarme y fueron muchas las ocasiones en que me molesté porque sentía que me ponía a hacer actividades ajenas a mi proceso de recuperación. Le reclamaba porque me mandara a hacer compras, que fuera por el almuerzo, que lo acompañara al súper. Me quejaba con mi mamá y mi hermana y les decía que me traía como su sirviente.

Pero no existía en él ninguna mala intención. Era su forma de reincorporarme a la vida cotidiana, a las actividades que había dejado de hacer desde que perdí las piernas. Lo hacía a propósito para que me adaptara a mis nuevas piernas y al mundo.

Mi rehabilitación fue también un motivo de orgullo para Randy, porque en mi caso tuvo la oportunidad de ver mi desarrollo desde cero, hasta abril de 2015 que regresé a Hanger para que revisaran mis prótesis y valoraran mi evolución luego de diez años.

Así fue el inicio de mi rehabilitación, y a partir de ahí siguieron meses de reaprendizaje, trabajo duro, golpes, caídas, más trabajo, golpes dolorosos, muchos tropiezos y un aprendizaje constante.

Durante semanas practiqué combinando prótesis pequeñas con las adecuadas a mi talla. Poco a poco, también iba en aumento el tamaño de mis *stubbies*. Del 1.20 metros inicial, pasé luego al 1.30-1.35, después al 1.40, y así sucesivamente hasta alcanzar mi estatura.

Fueron días de trabajo incesante. Desde que comenzaba la jornada hasta el anochecer, luchaba por mantener el equilibrio. Si me caía en 20 o 30 ocasiones, me levantaba 20 o 30 veces más. Sin descanso, sin desánimo, sin pensar en el dolor, confiando en mí. Caerme era una de las partes principales de mi rehabilitación. Estaba seguro de que para caminar debía aprender cayéndome.

La verdadera rehabilitación no fue en la clínica. La hice en la calle desafiando obstáculos durante días completos, una y otra vez hasta lograr de nuevo el dominio de mi cuerpo. Mi esfuerzo tuvo su recompensa. Hace unos días Randy Richardson me comentó que Cameron Clapp tardó cinco meses en "dominar" sus *stubbies*, pues no practicaba con la regularidad con la que yo lo hacía. Gracias al trabajo diario, pasé tres semanas con las piernas pequeñas antes de usar mis prótesis definitivas.

En Hanger me dijeron algo que se me quedó grabado: "El mundo no se va a adaptar a ti, tú tienes que adaptarte al mundo". No importaba que yo no tuviera piernas, el mundo no iba a dejar de tener escaleras, rampas y obstáculos. Luego de cuatro meses de rehabilitación, práctica y reaprendizaje, y apoyado en una correcta combinación de terapia y un diseño personalizado de prótesis, aprendí a caminar sin ayuda.

Me colocaron unas piernas robóticas de tecnología de socket ComfortFlex y microprocesador de rodilla C-Leg. Son dos instrumentos tubulares delgados de acero que cuentan con una rodilla y la forma de un pie en el extremo. El costo de mis nuevas piernas lo absorbieron mis padres con generosidad. Meses después de colocadas, aún no las pagábamos, pero gracias a su generosidad, me dejaron rehabilitarme sin haber liquidado la deuda. Posteriormente, la venta de dos de nuestros camiones ayudó a finiquitar esa deuda con Hanger.

Mis piernas se ajustan sobre el muslo a otra pieza mediante una llave, y dependen de un microprocesador que regula un sistema hidráulico para que se doblen o extiendan, rápido o lento, según mis movimientos, y se conectan a la electricidad. Pero moverme con estas piezas robóticas significa también un esfuerzo físico considerable, pues requiere de una fuerza mayor, aproximadamente del triple del que podría necesitar si tuviera mis otras piernas.

Ya armadas, cada una de mis piernas puede pesar hasta cinco kilogramos, una carga considerable para mis 70 kg. Con ellas puestas, alcanzo el 1.70-1.72 metros de estatura, unos cuatro centímetros menos de lo que medía antes del accidente.

Gracias a estos dispositivos fui capaz de dominar cualquier pendiente y no sólo eso, en sólo dos meses aprendí otra vez a manejar un auto sin controles manuales. Al principio se me dificultó un poco y avanzaba lento, pero con la práctica ya no necesitaba voltear para ver lo que hacía mi pierna y ahora me parece de lo más normal. Con prótesis especiales de fibra de carbono puedo correr, como ya lo he hecho.

Antes de dominar por completo el funcionamiento de mis piernas, tuve muchas caídas. Las más de ellas dolorosas; sin embargo, tengo muy presente una. Era Navidad y Randy me acompañó al aeropuerto de Oklahoma. Entre el tumulto de gente deseosa de llegar a su destino, bullicio y movimiento, me caí de manera aparatosa. Todos voltearon a verme y mucha gente se acercó a querer ayudarme, pero al ver que venía acompañado, nadie se atrevió realmente a darme la mano.

Randy se quedó parado, sin moverse. Sólo me observaba y esperaba a que me incorporara. Ante la insistencia de la gente que le pedía que me ayudara, él contestó: "No se preocupen, él puede solo". Pero levantarme todavía era algo que no me resultaba tan fácil como lo es ahora. Además, la gente me observaba todo el tiempo, analizando los movimientos que hacía en mi intento por levantarme. Una señora, desesperada, increpó al terapeuta y le exigió: "¡Ayúdelo!". Randy, sin inmutarse, le respondió con tranquilidad: "Lo estoy ayudando. Le enseño cómo levantarse solo".

Antes de mi accidente no conocía otros casos de personas amputadas; sin embargo, a partir de mi experiencia, ahora los veo a menudo. Cuando me rehabilité en Oklahoma conocí por fin a Cameron, una de esas personas mutiladas cuya historia y ejemplo materializó mi convicción de que todo era posible; si quería volver a caminar, sólo era cuestión de esfuerzo, golpes, aprendizaje y voluntad.

Invitados por Hanger, junto con Cameron, participamos en una convivencia con militares que perdieron piernas o brazos en combates en Iraq. Les hablamos de nuestras experiencias, objetivos, perseverancia, espíritu de lucha, resistencia a la fatalidad y de la rehabilitación, así como de la capacidad y alcance de nuestras prótesis y les mostramos cómo funcionaban. Los soldados se sorprendieron al vernos, pues muchos de ellos, con lesiones menos graves que las nuestras, estaban en sillas de ruedas o no se adaptaban a sus nuevas extremidades.

Estuvimos todo el día con ellos en el campamento de rehabilitación. Además de convivir, platicamos con algunos, caminamos con piernas completas, con prótesis provisionales, con *stubbies*, nadamos, corrimos… Esta experiencia me enriqueció mucho, y tal vez pueda considerarla como el inicio de lo que más tarde sería mi vocación como conferencista motivacional.

Cameron y yo somos amigos y aunque no nos frecuentamos tan seguido, siempre será para mí uno de los ejemplos de perseverancia que motivó a continuar mi camino. Y al igual que él, pienso que "imposible" es sólo una opinión.

FUNDACIÓN PASOS QUE DEJAN HUELLA, AC

Terminada mi rehabilitación, con una nueva actitud y un par de nuevas piernas biónicas, volví a Monterrey en 2006. Regresé feliz. Caminaba, estaba de vuelta en mi ciudad, disfrutaba del cariño de mi familia y mis amigos, podía conducir un auto, hacía las mismas cosas que antes del accidente. Aparentemente mi vida volvió a la normalidad, pero yo me sentía diferente. Era otra persona, alguien cuya experiencia de vida lo hizo cambiar para ser mejor.

Con mis prótesis y mi autoestima intacta, regresé a la universidad, recordando que otro de mis objetivos era graduarme. Fue en las aulas del Tec donde prácticamente me inicié como conferencista. Elvira Torres, una de mis profesoras, me pidió que le platicara a mis compañeros mi experiencia y las enseñanzas que de ella obtuve.

A partir de esta exposición comencé a considerar la historia de mi vida como un factor de cambio. Pensé que mi experiencia podía influir en otras personas. Después de la plática en la escuela, la gente me empezó a buscar para que los ayudara a cambiar la forma de pensar de un familiar o algún conocido.

Cuando me accidenté me dije a mí mismo que si podía regresar caminando a la escuela, no habría ningún problema en la vida que no pudiera resolver. Comprendí entonces que esto me ocurrió para ayudar a cambiar la forma de pensar de otras personas, orientarlos para que comprendan que si queremos algo, podemos ir por ello siempre y cuando sea nuestro deseo, nuestro objetivo. Muchas veces nos encontramos con opiniones en contra o con gente que no tiene la misma confianza que tienes tú. A veces no hay nadie más que tú para infundirte ánimos, sólo tú conoces tus límites y sabes hasta dónde eres capaz de llegar.

En 2006 me invitaron a participar en una competencia tradicional que se realiza durante el mes de marzo en el municipio de San Pedro Garza García, la Carrera de los Duendes. Aunque nunca antes había participado, acepté gustoso la invitación para caminar 5 kilómetros.

Mi propia madre dudaba de mí… y con justa razón. "No los caminabas con piernas, ¿cómo pretendes hacerlo ahora?", me decía. Y aunque sé que decía una verdad inobjetable, no dejé que su desánimo influyera en mi decisión.

Así que me preparé como consideré conveniente. De algún modo deduje que al agotarse una lista de canciones en mi sistema de reproducción de música, estaría completando mi objetivo, pero no fue así. La lista concluyó, comenzó de nuevo y volvió a terminar y yo no llegaba.

Terminé agotado, pero llegué a la meta. Sobra decir que entré en último lugar. Aunque si lo vemos desde otra perspectiva, como era el único en mi categoría, llegué primero…

El contacto con las personas interesadas en mi historia hizo que me diera cuenta de la cantidad de gente que necesita apoyo. Mientras que en Estados Unidos hay muchos individuos rehabilitados, en México no pasa lo mismo. Desgraciadamente también hay gente muy afectada que no quiere salir adelante, que pretenden quedarse ahí teniendo todas las posibilidades de levantarse y retomar sus vidas. Soy una persona muy terca y entre más me digan que no se puede, con más ganas lo hago para demostrar que están equivocados. Todos hemos sufrido caídas de muchas formas, pero lo importante no es saber cómo ni por qué caímos. Lo fundamental es levantarnos. Al pensar en la manera en que podía ayudar a aquéllos menos afortunados, creí que la mejor forma era crear una fundación.

En julio de 2007 se conformó ante notario público –con la ayuda del entonces alcalde del municipio de San Pedro Garza García, Fernando Margáin Berlanga– la fundación que encabezo y presido: *Pasos que dejan huella, AC*. Se trata de una asociación sin fines de lucro con el objetivo de ayudar a la adaptación social y personal de quienes han sufrido una amputación, así como apoyar a quienes necesiten o deseen obtener información sobre alguna prótesis o soluciones para resolver las dificultades cotidianas.

El apoyo de Fernando Margáin fue decisivo para la creación de la fundación. Durante la Carrera de los Duendes en la que participé, el alcalde se mostró muy interesado en mi historia de vida y me ofreció ayuda para los proyectos que decidiera emprender. La idea de hacer la fundación me venía acompañando desde hacía tiempo, así que decidí aprovechar la oferta. Gracias a sus gestiones, fueron gratuitos los trámites y honorarios del notario. El nombre de la institución fue también idea mía.

A través de esta fundación, pretendo ayudar de diferentes formas a quien considero que lo necesita. En algunos casos, brindo solidaridad financiera gestionando actividades de recaudación de fondos con empresas, instituciones de gobierno y personas físicas. O bien, la fundación se convierte en un vínculo de información tecnológica sobre las mejores opciones prostéticas, lugares de atención y procedimientos terapéuticos para tratar el tema. Sin embargo, más que ayudar con dinero, busco que la fundación sirva de guía al interesado y se convierta en el enlace con hospitales, laboratorios, fabricantes de prótesis y patrocinadores.

Pasos que dejan huella ya ha generado grandes satisfacciones, pues gracias al apoyo de varios colaboradores de la fundación, diversas asociaciones y donativos de empresas y particulares, ha apoyado a personas amputadas otorgándoles prótesis e información adecuada que redunda en una mejor calidad de vida

Para crecer, la fundación necesita muchos recursos, pues gente para ayudar también hay mucha. Cuando ayudo a alguien, armo un equipo de trabajo con sus familiares y los oriento. Integro a la tía, a la hermana, a los amigos del afectado para que me ayuden a canalizar recursos. Entre todos conseguimos el dinero, aunque generalmente a mí me corresponde tratar con las empresas o posibles donantes.

También pasa muchas veces que cuando viajo a dictar alguna conferencia, conozco a personas o instituciones que me pueden ayudar. Sin duda le auguro un futuro promisorio a la fundación *Pasos que dejan huella, AC*.

En un futuro cercano pretendo crear y desarrollar un centro de rehabilitación que brinde apoyo integral a nivel estatal. También me gustaría que a mediano plazo la fundación logre una presencia tal que permita replicar el proyecto a nivel nacional. Es un paso más que estoy preparando.

Si bien cuando era adolescente y estudiante no tenía claro qué quería hacer en la vida, hoy, tras esta experiencia tan contundente, sé bien que tengo la fuerza necesaria no sólo para seguir adelante, sino para ayudar a otros a descubrir que todos tenemos la capacidad de levantarnos después de cualquier caída.

Mientras tengas la oportunidad de vivir, las tragedias no existen. Las tragedias son circunstancias sobrevaloradas. Cualquier acontecimiento puede convertirse en una tragedia si no tienes la capacidad de verla de otra manera, si no tienes el ánimo o la intención de ver las situaciones con un filtro de oportunidad.

La fundación fue una iniciativa maravillosa cuyo origen también se encuentra en el impulso que recibí de mucha gente, por lo que creo que cualquier otra persona que atraviese un momento tan difícil, como es la pérdida de alguna parte de su cuerpo, tiene derecho a contar con un punto de apoyo importante. Es una labor realmente desinteresada; sin embargo, no puedo negar que resulta gratificante la retroalimentación que recibo de aquellos que de algún modo se ven beneficiados con el trabajo que realizo en este organismo. Sin duda, es cierta esa frase que dice que cuando uno ayuda a otros, en realidad se ayuda a sí mismo.

He recibido muchos correos de gente que me cuenta cómo cambió su manera de pensar después de conocerme. Recuerdo el de una persona que me aseguró que estaba al borde del suicidio, con pistola en mano, cuando me vio en alguna entrevista porque tenía la televisión prendida. Dijo que se quedó viendo el programa un rato y después, este muchacho que se quería suicidar porque lo abandonó su novia y sentía que ya no podía vivir más, recapacitó y se cuestionó cómo era posible que pensara en quitarse la vida teniendo tantas posibilidades ante él, mientras que yo era tan feliz. Todo esto me agradecía en su correo. Lo leí a las dos de la mañana y ya no pude dormir. Me impresionó mucho.

Son cosas que no puedo explicar. Es una sensación muy padre saber que puedes cambiar la manera de pensar de algunas personas y que otras más te llevarán en su cabeza.

He visto en las noticias otras asociaciones en el mundo que ayudan a personas amputadas con prótesis de muy bajo costo. Este esfuerzo me parece admirable, pero creo que no es el camino que quiero seguir. Sinceramente prefiero apostar a la calidad que a la cantidad, porque cuando ayudo a alguien a través de la fundación, intento apoyarlo sólo una vez.

Las piernas que dan otras instituciones son muy frágiles y pueden llegar a romperse, aunque cuesten menos de 40 dólares. Un producto en México puede costar entre 25 y 90 mil pesos; entonces es mejor invertir unos 200 mil pesos en una "buena pierna", y hacer un gasto nada más. De ahí en adelante, y si lo requiriera, lo ideal es que el interesado explore nuevos esquemas de financiamiento planificados por sí mismo. Creo que no se trata solamente de tener una discapacidad, es cuestión de actitud. Si tú te sientes mal, el mundo te verá mal; si te sientes incapaz, vas a ser incapaz.

El término "discapacitado" se refiere a alguien que no puede realizar algo. Yo no me siento identificado con ello, pues puedo realizar toda clase de tareas. Catalogarme en esa condición no es algo que me ofenda o me lastime; sin embargo, yo puedo hacer lo mismo que los demás, pero de manera diferente. Durante mi proceso de reaprendizaje, tampoco recurrí a algún psicólogo para que me apoyara. Estaba seguro que me diría lo mismo que ya sabía: sólo yo, con mi esfuerzo y dedicación, podía cambiar mi vida.

Salvo en casos excepcionales, no suelo usar los lugares especiales asignados en los estacionamientos. Tampoco me doy cuenta cuando la gente me mira mientras camino por la calle. Localmente hay mucha gente que me conoce porque me han visto en algún programa, han leído sobre mí o les contaron mi historia.

Cuando me accidenté estaba vigente mi licencia de manejo. Una vez que se venció y acudí a la ventanilla a tramitar un nuevo permiso, me renovaron el documento sin ningún reparo.

Desconcertado, les pregunté si no tendría que hacer alguna prueba de manejo.

–No tengo piernas –les dije.

Entonces me contestaron:

–No, no se preocupe. Ya lo hemos visto y sabemos que sí sabe manejar.

Pero más allá de eso, muchas personas no se dan cuenta de que tengo piernas metálicas, y eso es porque me veo y me siento bien. Siempre visto de *shorts* y no tengo pantalones largos. Me acostumbré a andar así, a ver mis piernas, a voltear hacia abajo cuando voy pisando. Ahora me siento incómodo si no las veo.

Quizás se trate de una cuestión de orgullo por tanto trabajo que me costó poder utilizarlas. Es como portar una medalla. No sé bien cómo describirlo, pero sí representan un logro y sería una lástima que no pudiera verlas. Además, me parecen muy estéticas. Me recuerdan a un auto de lujo. Aunque son prótesis, una extensión de mí y no son propiamente mi cuerpo, son *mis piernas*. Son parte de mi cuerpo, reemplazables tal vez. El día de mañana usaré unas diferentes, pero seguirán siendo *yo*. Estas piernas llevan además la cuantificación de los pasos que he dado desde que me las pusieron y ya han sido millones. Cada uno de ellos ha dejado su propia huella.

Mi vida y mi historia no son excepcionales. Solamente hice lo que me correspondía ante una situación que cambió mi manera de ver y percibir el mundo. Eché mano de mi voluntad, de mis ganas por salir adelante y no esperar a que nadie me dijera lo que podía o no hacer. Así que generalmente considero fuera de lugar los homenajes. Sin embargo, me siento bien cuando reconocen mi esfuerzo, cuando voy en la calle y me comentan que conocen mi historia y que les dejó algún mensaje positivo.

Por ello, me siento también muy orgulloso de que mi *alma máter* me reconozca. Con motivo de su 70 aniversario, el Instituto Tecnológico y de Estudios Superiores de Monterrey editó el volumen *Tec de Monterrey. Los primeros 70 años de transformar vidas*, una obra que recoge 25 perfiles de profesores, alumnos y egresados en los que se relata cómo han influido en la historia del Tecnológico de Monterrey. Es un honor estar en esa lista.

También agradezco profundamente al periódico *El Norte* porque en la celebración de su 75 aniversario, incluyera mi historia en la lista de personalidades que integran su antología conmemorativa "75 perfiles e historias".

Se llamaba Cameron Clapp y cuando tenía 14 años, al igual que a mí, un tren le arrancó ambas extremidades inferiores, además del brazo derecho, cuando se quedó dormido sobre una vía frente a su casa en California.

Invitados por Hanger, junto con Cameron, participamos en una convivencia con militares que perdieron piernas o brazos en combates en Iraq. Les hablamos de nuestras experiencias, objetivos, perseverancia, espíritu de lucha, resistencia a la fatalidad y de la rehabilitación.

Soy una persona muy terca y entre más me digan que no se puede, con más ganas lo hago para demostrar que están equivocados. Todos hemos sufrido caídas de muchas formas, pero lo importante no es saber cómo ni por qué caímos. Foto grupal en Walter Reed.

En julio de 2007 se conformó ante notario público –con la ayuda del entonces alcalde del municipio de San Pedro Garza García, Fernando Margáin Berlanga– la fundación que encabezo y presido: *Pasos que dejan huella, AC.*

6

MI FAMILIA

*Ser feliz es una decisión, no una circunstancia en
la vida.*

JBGA

*El esfuerzo y dedicación de mi padre para el
trabajo, así como todas las personas que he conocido
después de mi accidente, gente que ante situaciones
complicadas nunca se han rendido, son mis ejemplos. Son personas que han decidido ser felices.*

JBGA

Mi vida se divide en dos: cuando nací
y cuando volví a la vida. Nací el 2 de
junio de 1982 en Monterrey, y volví
a la vida el 29 de junio de 2005 en La Spezia,
Italia, cuando me salvé de morir luego de que
un tren me cortara las piernas.

Antes del accidente que casi me cuesta la vida
era un joven común y corriente con las preocupaciones de cualquier muchacho de 23 años.
Quizá un poco egoísta, mis inquietudes se limi-
taban a lo que haría durante el fin de semana,
a dónde iba a salir, mi rendimiento escolar, mis
cosas personales.

Básicamente lo tenía todo, pues si bien mi familia no contaba con dinero en exceso, no nos faltaba nada. Estudiaba en una buena escuela, tenía muchos amigos y sueños acordes a mi edad: graduarme para luego encargarme del negocio familiar, quizás casarme y formar una familia.

Pasado el tiempo y después de rehabilitarme y aprender a caminar otra vez, hice absolutamente todo lo planeado hasta entonces: me gradué, trabajo en la empresa familiar, me casé y formé una familia. Comenzó un nuevo capítulo de mi historia, porque mi recuperación trajo cambios, uno de ellos fue el fortalecimiento de mi autoestima. Siempre he sido alguien seguro de mí mismo, pero tras el proceso de rehabilitación, mi bienestar fue notorio para todos.

Podría parecer paradójico, pero luego de perder las piernas y de la rehabilitación comencé a salir con más mujeres. Y aquí no hay diferencia alguna entre un antes y después, la cara es la misma. Lo que cambia es la actitud. La seguridad que me dio mi recuperación se ve reflejada de esa manera. Creo que anímica y mentalmente nadie tiene ninguna restricción. Estoy convencido de que si tú te ves bien, la gente te verá igual. No creció mi atractivo, pero mi autoestima cambió para bien. La gente me ve como me siento.

Lo que yo hice puede hacerlo cualquiera que tenga la decisión para lograrlo. Tampoco es una cuestión de recursos y de dinero. He conocido gente humilde que con dos palos camina; no se necesita tener dinero para salir adelante. Sólo necesitas querer hacerlo. Todos conocemos esas historias de éxito en las que alguien no tenía nada y de pronto surge un imperio.

Por ello, no es casualidad que hoy esté junto a mí la persona que yo elegí como esposa y que aceptó casarse conmigo. No fue sencillo, durante tres meses insistí lo necesario para alcanzar lo que me interesaba. Nunca me ha costado trabajo conseguir lo que quiero y nada me detiene si voy tras algo, incluso el amor.

Mi historia con Karla Leal, una mujer guapa, inteligente, sensible y *luchona*, comenzó cuando la conocí por casualidad en 2010. Ella estaba viviendo una circunstancia especial: estaba un poco cansada de la vida social, de ser el centro de atención y de generar interés entre posibles pretendientes. Yo me había comprado un departamento y desde el 2009 vivía solo. Había invitado a un grupo de amigos a ver un partido de futbol y al terminar la transmisión, uno de mis cuates llamó a algunas amigas, quienes aprovecharon la invitación para hacer algo de tiempo mientras se preparaban para una fiesta. A mi amigo le pareció sencillo citarlas en mi casa.

Ahí llegó Karla con otras dos amigas. Ella vivía en El Cercado, en Villa de Santiago, muy cerca de Monterrey y casi no venía a la ciudad, pero ese día había decidido asistir a una despedida de soltera. Entró al departamento y no me puso atención. No me conocía ni le interesaba conocerme. Tenía que irme a una boda, así que los dejé en mi casa. Pese a su desdén, yo sí me había fijado en ella. Inmediatamente surgió en mí una atracción y el interés por conocerla, así que le pedí a un amigo que me consiguiera su teléfono. Ella, desconfiada, le pasó mal el número.

Esto no impidió que la buscara. Conseguí su correo electrónico y gracias a la tecnología de ese momento, pude agregarla al sistema de mensajería instantánea de moda —el famoso *messenger*— pero ella no me hacía caso. Cuando le hablaba cortaba la comunicación o simplemente me ignoraba.

Una de las pocas veces que tuve la suerte de que me quisiera contestar, le pregunté qué haría durante la Semana Santa que estaba próxima a celebrarse.

—Voy con unos amigos a Zacatecas —me contestó.

Yo no tenía planes de ir pero otros amigos sí, así que les dije que me apuntaba para ir con el firme objetivo de verla allá. "Yo también voy a ir", le aseguré. Karla pensó que era poca la posibilidad de que la alcanzara. En ese entonces no tenía idea de lo terco que soy cuando busco algo.

Pero ya en Zacatecas, al saber de mi presencia, se hizo la difícil. Recuerdo que yo tenía un teléfono móvil con radiolocalizador y entre la gente que acompañaba a Karla, estaba una de sus primas que también tenía un teléfono igual y del cual ya tenía la clave. Así que aprovechaba cualquier pretexto para intentar hablar con ella. Sus amigos le preguntaban por qué huía y no me hacía caso y ella lo único que respondía era que no entendía por qué la buscaba si el día que había ido a mi casa ni siquiera habíamos hablado.

No quería verme. Por fin me enteré que se encontraba en un restaurante y cuando le avisé que iría al lugar, ella y todos sus amigos se fueron de ahí antes de que yo llegara. Como en esas fechas en Zacatecas cierran muchas de las vialidades principales y sólo es posible caminar, tuve que regresar al hotel caminando como 30 cuadras en calles de adoquín. No encontré nunca un taxi. Fue agotador.

Pero volví a llamarle y al saber que ya estaba en su hotel, le dije de nuevo: "Voy para allá". Esa fue la primera ocasión, y más por pena que por interés, y porque ya no tenía ninguna excusa, que accedió a que nos encontráramos para hablar.

Llegué a su hotel. Esperé un rato en el *lobby*. Bajó y platicamos pocos minutos de trivialidades y cuando me dijo que se iba, le propuse tomarnos una foto juntos. El botones que hizo la fotografía me entregó la cámara y nos dijo con sonrisa pícara: "Salieron corazones". Platicamos como diez minutos más y nos despedimos.

A Karla le desconcertó el comentario que hizo el empleado. Ella se preguntaba cómo es que había hecho esa deducción si no tenía idea del vínculo que entonces tenía conmigo. Eso sembró en ella una inquietud.

Platicamos 10 minutos más y la acompañé a una discoteca muy popular y concurrida mientras esperaba en la fila para entrar. Sus amigos le habían pedido de favor que se formara antes de que ellos llegaran. Había mucha gente esperando, así que aproveché para conversar con ella, pero cuando sus compañeros de viaje aparecieron, me retiré y la dejé con ellos. Creo que fue un error porque ya no la volví a ver en el resto del viaje. A pesar de que fue muy poco el tiempo que estuvimos platicando, yo lo vi como una victoria.

De regreso a Monterrey ya tenía su número telefónico y la invité a comer. Coincidió con que ella trabajaba muy cerca de la casa de mi madre, lo que facilitaba que la pudiera encontrar.

Salimos durante tres meses y un día de la nada le dije: "Ya somos novios, vamos a casarnos". La respuesta de Karla hablaba de una mujer con una perspectiva muy distinta a la que había conocido. Convencida, me dijo: "Si ya somos novios, entonces sí me puedo casar". Así, directa, sin dudas, sin ambages.

En ese momento no le di ningún anillo de compromiso. De inmediato comenzamos a hacer los trámites y los preparativos para la boda por el civil. Cuando ella compartió en su casa la decisión de casarse, su familia no la tomó muy en serio; sin embargo, su hermano mayor me conocía por las noticias y se entusiasmó muchísimo cuando supo que me quería casar con ella.

Sus padres y sus dos hermanos –Fernando y Wendy– son personas extraordinarias y tengo una relación excelente con todos. Karla, que es la más chica de su familia, me dice que tenemos invertidos los papeles, pues mientras yo me intereso por los asuntos de sus papás y hermanos, ella se identifica mucho con mi madre. Es curioso, porque yo estoy muy en contacto con mis suegros y Karla, a su vez, con mis padres.

Poco antes de nuestra boda por el civil le dije:

–¡Ya, pregúntame!

Desconcertada, me contestó:

–¿Que te pregunte qué?

–Pues lo que me pasó en la piernas…

Hasta ese momento nunca le había contado por qué traía prótesis. Para ella era algo que no le generaba una curiosidad especial. Siempre me vio normal. Y es la verdad, soy normal, pues estoy convencido de que no hay restricciones para mí, no hay nada que no pueda hacer.

Después de la boda por el civil, en diciembre de 2010, fuimos a Oklahoma para una revisión de mis prótesis. De ahí viajamos a Nueva York donde mi hermana vivía en ese entonces. Al llegar a la ciudad entré a una tienda de baratijas y le compré un anillo de dos dólares para "compensar" el que no le había dado antes de casarnos. Como lo imaginé, ella no puso objeción y lo trajo consigo durante algunos días.

El 18 de diciembre, estaba helando y aún así fuimos a la torre del Rockefeller Center porque le tenía preparada una sorpresa. En el mirador, y con la ciudad como testigo, doblé mis piernas para hincarme, le di un anillo de compromiso –ahora sí de verdad– y le pedí: "¿Te quieres casar conmigo?". Sorprendida por el hecho, Karla se puso muy feliz. A partir de entonces comenzó a pensar con más frecuencia en nuestro futuro. Le hacían eco las palabras que pocas veces le decían: "¿Te vas a casar con Josafat? ¿Ya te diste cuenta que no tiene piernas? ¿Qué vas a hacer tú?" Pero ella siempre ha compartido conmigo que está convencida de que Dios nos tenía preparado algo para nosotros: mi esposa concluye que yo tengo la misión de ayudar a otras personas y que ella está para ayudarme a mí. Esta convicción nos ha hecho más fuertes y nos une como pareja. Delineamos planes juntos, entre ellos viajar, impulsar la fundación que presido y formar una familia.

Por increíble que parezca, tras siete meses de novios nos casamos por el civil el 7 de noviembre de 2010 y siete meses después, el 10 de junio de 2011 llevamos a cabo nuestra boda religiosa en la Capilla del Santo Niño de Praga.

Nos embarazamos y no fue sencillo. Karla sufrió una trombosis pulmonar que afortunadamente no tuvo consecuencias, aunque esta condición puso en riesgo su vida y la de nuestra hija, pero milagrosamente se recuperó.

Maryfer González Leal nació el 28 de julio de 2012. Es la niña de nuestros ojos. Tiene el carácter de su madre, pero físicamente dicen que es idéntica a mí.

Me he descubierto, ya como padre, como un hombre con mucha paciencia y tolerancia. Mi niña tiene un carácter fuerte pero sensible, es noble y tierna. Soy muy consentidor con ella. Dibujamos, jugamos con sus muñecas y peluches, disfrutamos sentarnos frente a la televisión, luchamos por ver quién usa primero el *iPad*, nos gusta ver películas, lanzarnos la pelota y hasta cantamos. Mi amor por ella es retribuido con creces.

Mi hija ha crecido viéndome tal como soy, utilizando prótesis y quitándomelas para bañarla, jugar con ella e irme a dormir. Quiero pensar que en su visión infantil vive esta condición con total naturalidad.

Un día estábamos jugando y agarró las piernas de su mamá. Entonces le preguntamos: "¿Y dónde están las de papá?". Sin dudarlo, se acercó a mí y puso sus manitas sobre mis muslos y contestó: "Aquí están".

Juego con ella todo el tiempo y podemos compartir todas las actividades cotidianas que tienen lugar en una familia; sin embargo, existe un momento que sí me preocupa y es cuando salgo solo con ella a espacios abiertos y se le ocurre, como pequeña que es, correr. Me da temor pensar en que no pueda alcanzarla si se aleja, por eso siempre procuro que alguien más nos acompañe.

Mi esposa y mi hija son las personas más importantes de mi vida. Y junto a ellas, mis padres, mi hermana y mis amigos. Karla es, además, mi mejor amiga. Uno de nuestros planes próximos más anhelados, es el de ser padres nuevamente.

El 18 de diciembre, estaba helando y aún así fuimos a la torre del Rockefeller Center porque le tenía preparada una sorpresa. En el mirador, y con la ciudad como testigo, doblé mis piernas para hincarme, le di un anillo de compromiso —ahora sí de verdad— y le pedí: "¿Te quieres casar conmigo?".

Creo que anímica y mentalmente nadie tiene ninguna restricción. Estoy convencido de que si tú te ves bien, la gente te verá igual. Aquí con la familia el día de mi boda.

Mi hija ha crecido viéndome tal como soy, utilizando prótesis y quitándomelas para bañarla, jugar con ella e irme a dormir. Quiero pensar que en su visión infantil vive esta condición con total naturalidad.

Mi esposa y mi hija son las personas más importantes de mi vida. Y junto a ellas, mis padres, mi hermana y mis amigos.

7

EL CAMINO CONTINÚA

Sí, reconozco que te presioné duro, pero quería asegurarme que compartíamos las mismas expectativas.

RANDY RICHARDSON

Hay pacientes a los que les cuesta trabajo aceptar que han sido amputados, y este problema psicológico pesa más que la función de la prótesis.

CHAD SIMPSON

No vivo en el pasado. No me quedé estancado cuando mi vida dio un vuelco inesperado hace casi diez años. No permanecí inmóvil ante las opiniones negativas que decían que no volvería a ser la persona que era antes de mi accidente. Decidí no quedarme sentado en una silla de ruedas dependiendo de otros y viendo a la vida pasar como si al perder mis dos piernas, hubiera quedado impedido para continuar adelante. Nunca me gustó la idea de permanecer quieto, inmóvil, lamentando mi pérdida y compadeciéndome de mi condición.

Cuando tomé la decisión de volver a caminar, sabía que no sería un desafío fácil. Aún no conocía los retos que debía enfrentar ni cómo lo haría, pero estaba seguro que lo conseguiría pues tenía la determinación y el coraje necesarios para afrontar lo que fuera con tal de recuperar el control de mi vida. Mi voluntad era más grande que cualquier tragedia; era superior a esa condición aciaga que amenazaba con convertirse en un obstáculo. Así que con un propósito firme tomé un camino largo, sinuoso, con muchos golpes, caídas, lleno de esfuerzo y de pruebas continuas. Muchas veces el trayecto fue doloroso y en ocasiones frustrante, pero al final resultó muy satisfactorio y lleno de experiencias y aprendizaje.

Cuando platico con la gente, ya sea en un auditorio o de manera directa, siempre los motivo para que no tengan miedo de afrontar lo que el destino les presenta, para no dejarse vencer por adversidades o situaciones negativas que pudieran nublar su visión y obstaculizar su vida. Les insisto en que no pierdan de vista sus objetivos, que no hay imposibles cuando se trata de cumplir sus propósitos. Yo vivo de esa manera. Siempre tengo un punto al que quiero llegar, una meta por alcanzar, un propósito por cumplir y no hay nada que esté por encima de mi voluntad para lograrlo. No hay objetivos inalcanzables, no existe nada que pueda frenar el empuje y la fuerza que la perseverancia te brinda.

Después de quedarme sin piernas, y antes de volver a caminar de nuevo, tenía que aprender a dar pasos otra vez, y para logarlo, fue necesario rehabilitarme, enseñar a mi cuerpo a compensar con su esfuerzo lo que le hacía falta. Debía logar un equilibrio que perdí de un momento a otro. Necesitaba comenzar a fortalecer mi espalda para mantenerme erguido y poder usar unas prótesis; primero pequeñas y después unas piernas robóticas.

Fueron días, semanas y meses de practicar, entrenarme y adaptarme a mi nueva realidad. Me caí y me levanté cientos de veces y fui logrando progresos modestos y paulatinos. Tuve que avanzar hacia mi objetivo primero con pasos vacilantes hasta llegar a dar pasos firmes, sólidos, seguros, sin miedo, sin interrupciones ni obstáculos que no me sintiera capaz de superar.

Además del cariño y el apoyo incondicional de mi familia y amigos, durante mi proceso de restablecimiento y reaprendizaje estuve acompañado de profesionales comprometidos con su trabajo que orientaron, supervisaron y vigilaron cada uno de los movimientos que hacía, convencidos –tanto o más que yo– de que cada intento tendría su recompensa, que cada esfuerzo se convertiría en experiencia, que cada pequeño paso que daba me acercaba al objetivo. Nunca lo dudé; ellos tampoco lo hicieron.

Y de pronto, ante la mirada atónita de mi familia y los encargados de mi recuperación, un día caminé. Así, sin bastones, sin muletas, sin una silla de ruedas, sin depender de otros, sin la ayuda de nadie. A partir de entonces, todo ha sido un camino hacia adelante. Un encuentro continuo de metas y objetivos. Mi proceso no terminó cuando fui capaz de ponerme de pie y caminar de manera autónoma. Como tampoco había terminado esa madrugada de junio de 2005. Fueron únicamente situaciones que sirvieron como punto de arranque para continuar por un camino distinto.

Aunque ya no estoy en tratamiento, sigo bajo la supervisión de los especialistas que tanto me apoyaron y a los que nunca terminaré de agradecer su profesionalismo, su compromiso, su paciencia y entrega para que me convirtiera en la persona que ahora soy. Así, a casi diez años de mi rehabilitación, este marzo de 2015 regresé a la clínica de Hanger, en Oklahoma, para que me colocaran un nuevo par de piernas, pues las que me pusieron a fines de 2005 y que me sostuvieron durante la última década, habían cumplido ya con su periodo de uso desde hace algún tiempo.

Ante la disyuntiva que tenía entre reparar mis antiguas prótesis y ponerme unas nuevas, en Hanger me comentaron que era mejor colocar otras en lugar de intentar darle mantenimiento a las anteriores, pues el costo era prácticamente el mismo, e incluso por las piezas que se cambiarían podría llegar a ser mayor. Por lo tanto, hoy camino con un nuevo par de extremidades robóticas computarizadas. Aunque son básicamente iguales a las que usaba, se trata de una nueva generación de prótesis.

Mis nuevos apoyos son de la marca Otto Bock, modelo C-Leg, siglas en inglés del término "pierna computarizada". Diseñadas para reproducir las funciones de un miembro biológico, estas prótesis cuentan con un microprocesador que revisa 50 veces por segundo el ritmo con que camino para hacer los ajustes necesarios en cada paso, regulando la rapidez o lentitud con el que funciona. Además, cuenta con un pistón hidráulico colocado detrás de mis rodillas, que se dobla lo necesario para darles estabilidad y control. Esa funcionalidad me permite bajar escaleras, descender rampas y hacer prácticamente todo lo que hago.

Estas prótesis están orientadas hacia la seguridad de quien las utiliza, pues sus sensores reconocen cuando estás en una posición riesgosa, y durante un trayecto o un tropiezo, aumentan la resistencia para proporcionar el apoyo necesario a fin de recuperar el equilibrio. Además, las C-Leg tienen la opción de tomar una postura intuitiva, esto es, que reconocen cuando he dejado de moverme y amortiguan las rodillas en una posición ligeramente flexionada, lo que me da mayor comodidad y hace menos cansado desplazarme en superficies irregulares, rampas y pistas.

Una de las pocas diferencias de esta nueva generación de prótesis es la incorporación de un control con el que puedo pasar a un segundo modo de uso para conducir un auto, sin tener que hacer el proceso anterior que consistía en aplicar presión tres veces en la parte de enfrente de mi pie. Con este modo podría incluso manejar una bicicleta o jugar golf.

Además de colocarme mi nuevo par de piernas, en Oklahoma me fabricaron también *sockets* nuevos. Estos *sockets* constituyen la interfase entre mi pierna y la pieza que conecta con mi rodilla. Están fabricados de un tipo de plástico que encapsula mi muñón. Un plástico suave que está en contacto con otra pieza de fibra de carbono que protege esa parte de mi cuerpo. Son dos piezas diferentes, una rígida al exterior y otra blanda que está pegada a mí.

En esta visita a la clínica de Hanger en Oklahoma, tuve la oportunidad también de platicar con algunas de las personas que contribuyeron directamente en mi restablecimiento: Randy Richardson y Chad Simpson, dos de los especialistas que supervisaron mi evolución, apoyaron mi proceso de rehabilitación, colocaron mis prótesis, ayudaron a adaptarme a las nuevas condiciones que me impuso el accidente de Italia y mi posterior recuperación en este centro de alta especialidad. También conviví y platiqué con Cameron Clapp, quien fue una inspiración importante para mí y me demostró que mi sueño de volver a caminar era posible.

En forma de entrevistas recojo los comentarios que me hicieron Randy, Chad y Cameron acerca de mis nuevas prótesis. Charlamos sobre mi rehabilitación, mi evolución y recordamos ese 12 de diciembre de 2005 cuando llegué a Hanger sin saber a ciencia cierta lo que me esperaba, pero con el sueño y la convicción plena de que éste sería el primer paso de un camino que recién iniciaba.

Hoy ese camino sigue, al igual que las experiencias y aprendizajes. Las iniciativas que emprendo a mis 33 años, las impulso con esa misma emoción que me colmó cuando di mi primer paso.

COMPARTIENDO LAS MISMAS EXPECTATIVAS. ENTREVISTA CON RANDY RICHARDSON

Josafat González (*JG*)
Randy Richardson (*RR*)

JG: ¿Desde hace cuánto tiempo trabajas en **Hanger, Inc.?**
RR: Desde el 15 de junio de 1994.
JG: ¿En qué consiste tu trabajo?
RR: Soy asistente de protesista. En Hanger comencé como videasta, editor y fotógrafo para documentar las historias de los pacientes, tanto para la publicidad como para medios de comunicación y las relaciones públicas. Aunque la

primera vez que tuve relación con el ámbito ortésico fue en 1987, cuando trabajaba en una televisora local e hicimos un reportaje sobre prótesis y tecnología. Continué trabajando como *freelance* registrando este desarrollo científico en Oklahoma.

JG: ¿Podrías decirme en qué momento comenzaste a involucrarte más con los pacientes, cuándo te interesó conocer un poco más sobre su rehabilitación y ayudarlos a caminar?

RR: En 1994, cuando propuse un departamento de video en Hanger. No podía pensar en un aspecto más visual que el de alguien amputado entrando por la puerta principal en una silla de ruedas sin piernas, para luego contrastar esta imagen con la de esa misma persona saliendo de su tratamiento caminando de nuevo. Para mí no había nada más inspirador que las historias de los pacientes que vienen a Hanger porque han perdido una parte de su cuerpo y después constatar que la tecnología pueda suplir esa pérdida y sean capaces de seguir adelante con su vida.

Me tocó documentar en video, con propósitos educativos, el diseño de *sockets* especiales y otros productos que fabricábamos. Me fascinó la tecnología y además me percaté de que había un área que tenía un gran vacío y requería de ayuda: las amputaciones arriba de las rodillas (se les conoce como transfemorales cuando es una sola pierna amputada y bilaterales cuando son ambas).

Cuando en 1987 hice aquel reportaje ya se estaba desarrollando un pie para que estos amputados pudieran correr por primera vez. Ya en Hanger me preguntaba por qué los amputados bilaterales no salían de rehabilitación caminando, qué hacía falta. Un paciente me confesó que requería de una gran cantidad de energía caminar en una superficie plana, sudaba mucho y por eso pasaba la mayor parte de su vida postrado en su silla de ruedas y sólo se ponía las piernas por unas cuantas horas.

Entonces me di cuenta que faltaban especialistas dedicados a desarrollar la tecnología adecuada para que estas personas pudieran caminar. Se convirtió en un reto para mí averiguar cuáles eran las necesidades, qué proceso permitiría que recobraran su independencia.

JG: ¿Cuál fue el primer caso de éxito en el que un amputado transfemoral salió caminando y que pudiste testificar?

RR: El que me tocó atestiguar de principio a fin fuiste tú.

JG: Pero antes de mí estuvo Cameron Clapp (el estadounidense que carece de piernas y un brazo).

RR: A él no lo atendimos desde el principio en Oklahoma.

JG: Los amputados bilaterales empezaron a caminar a partir de 2000, ¿crees que el éxito se debió al avance tecnológico?

RR: Antes de la prótesis computarizada C-Leg,

con las rodillas mecánicas, había personas que utilizaban prótesis de tiempo completo, usaban prótesis provisionales (*stubbies*, como les llamamos), pero las caídas eran muy frecuentes, y eso era en 1995.

JG: ¿Hay pacientes que tras ver que las rodillas mecánicas no les funcionaron para caminar decidieran probar la nueva tecnología (C-Leg)?

RR: Sí, la C-Leg le ofreció a los amputados bilaterales la habilidad para controlar sus rodillas, siempre que hubiera un trabajo previo para llegar a ese resultado.

JG: ¿Existe una tecnología más económica para los amputados bilaterales, una alternativa diferente que la de las prótesis con microprocesadores (sensores que controlan el movimiento y el ritmo para caminar con mayor naturalidad) o de las prótesis computarizadas, como por ejemplo la rodilla hidráulica 3R80?

RR: Conozco un amputado de 78 años que perdió sus piernas a los 16 años y camina sin valerse de rodillas con microprocesadores. Utiliza rodillas mecánicas, ni siquiera son hidráulicas, apoyándose en dos bastones, y va a cualquier lugar.

JG: Pero hoy en día hay más opciones para un amputado bilateral para que pueda caminar, no tiene por qué limitarse a una C-Leg...

RR: Sí, es verdad que hay otras opciones que dan mejores resultados que las versiones mecánicas, pero depende de cuál sea la meta de la persona. Si el paciente quiere caminar, lo más cercano posible a como lo hacía antes de que fuera amputado, la C-Leg sobresale. Otras tecnologías se quedan por debajo. Obviamente, las prótesis con microprocesadores son caras, pero hay personas que pueden tener una vida funcional con *stubbies* y el costo es bastante accesible.

JG: ¿Cuáles fueron tus primeros pensamientos cuando conociste a Cameron Clapp?

RR: Vi fotografías de Cameron antes de conocerlo y me resultó muy alentador verlo tan delgado y atlético, como resultado de una exitosa operación considerando su traumático accidente. Les sugerí a su padrastro y a su madre que le dieran ánimos porque en ese momento no sabía cómo estaba enfrentando mentalmente la situación.

Cuando llegó a la Hanger Clinic en California, el médico y yo dialogamos y me comentó que Cameron estaba tan motivado que no quería usar las prótesis cortas, quería alcanzar la misma estatura que su hermano gemelo. Enfrentamos ese dilema. Viéndolo en retrospectiva, en ese momento no había tantos casos exitosos de amputados transfemorales que utilizaran prótesis de tiempo completo. Hoy exhortamos a los pacientes a que primero se entrenen con los *stubbies*. En ese entonces accedimos a la voluntad de Cameron.

Antes de que conociera a Cameron, me comuniqué por correo electrónico con su familia desde mediados de diciembre, y me comentaban que Cameron estaba haciendo un gran esfuerzo, estaba ya de pie, caminando, entrenándose en las barras paralelas en el patio trasero, trabajando duro, y su equilibrio estaba cada vez mejor. Ya me había forjado una idea de cómo se encontraba.

Cuando lo conocí en persona, junto con su familia, Cameron estaba sentado en la silla de ruedas en la sala de exhibiciones de Hanger Education Conference. Y le dije, "oye, estás sentado en la silla de ruedas, me gustaría verte caminando". Entonces cada uno de los miembros de su familia lo ayudó a levantarse con gran esfuerzo. Su mamá se arrodilló a su lado, su padrastro del otro, su hermano gemelo se colocó debajo de su brazo, su hermanastro hizo lo mismo con el brazo contrario, jalaban una pierna y luego la otra, lo empujaban, se contoneaba… después de una lucha que duró varios minutos, lograron ponerlo de pie. Cameron sudaba. Yo estaba en *shock*, completamente decepcionado porque en los *e-mails* la familia me había transmitido una imagen alejada de la realidad.

Después de eso conversamos en mi hotel y le pregunté a Cameron cuáles eran sus expectativas. Me comentó que quería caminar con independencia, como lo hacía antes. Le expliqué que tenía que empezar con las prótesis pequeñas, los *stubbies*, y aceptó. Le pedí que se quitara sus piernas y me di cuenta de que no era capaz de ponerse las otras prótesis solo, dependía de su familia para ello. Entonces le dije que una de las primeras cosas que tenía que aprender era a colocarse las prótesis por sí mismo en ese momento. Su primera queja fue que sólo tenía un brazo para ayudarse, pero lo seguí exhortando a tomar esa responsabilidad. Le expliqué cómo tenía que hacerlo; él estaba concentrado en esa labor, pero su mamá estaba demasiado conmovida y quería ayudarlo y, como no pudo, decidió salirse del cuarto.

[Cameron, quien en todo este momento ha estado presente en la entrevista, interviene: Amor salvaje, ese es el secreto. Mi primer aprendizaje con Randy es que tenía que hacer todo por mi cuenta.]

JG: Eso es lo bueno de Randy, la primera vez puedes odiarlo, pero después te das cuenta de que realmente te enseñó algo.

[Cameron: La libertad que obtienes de esa experiencia, no tiene precio.]

JG: Es cierto que durante la rehabilitación, la mayoría de las familias de los amputados trata de ayudarlos a tal grado que los vuelven inútiles, hacen todo por ellos.

[Cameron: Los aman y quieren ayudarlos, pero lo mejor que pueden hacer es tomar distancia y dejar que aprendan por sí mismos.]

RR: Cameron logró ponerse en esa misma sesión las piernas sin ayuda de nadie y, de pronto, se volvió independiente. Caminó del sofá a la cama y luego de la cama a la silla y de vuelta al sofá. Cuando le pregunté si quería caminar de tiempo completo, me contestó: "Por supuesto que sí". Entonces le aseguré que este era el mejor método, que saldría ese mismo día caminando del hotel pero usando las prótesis sin las rodillas articuladas.

JG: ¿Crees que el caso de Cameron te permitió detectar el periodo de tiempo en el que un amputado bilateral debe pasar de las prótesis cortas a las piernas largas para luego aprender a bajar rampas, descender escaleras y manejar?

RR: Aprendimos mucho de Cameron, todavía lo hacemos. Tratamos de aprender de todos nuestros pacientes. Estábamos convencidos de que primero había que utilizar las *stubbies* para llegar a las C-Leg, pero no fijamos un plazo definido para ello; no es que bastaran tres semanas en las *stubbies* y entonces ya estuvieras listo para las C-Leg.

JG: Tampoco veían a diario a Cameron…

RR: Dejé de ver a Cameron de febrero a junio. En ese periodo, él aumentó la altura de sus *stubbies*. Cuando lo recogí en el aeropuerto lo vi caminar con mayor seguridad, tenía muy buen equilibrio y supe entonces que estaba listo para pasar a las rodillas articuladas.

JG: ¿Piensas que de haber visto a Cameron a diario esa transición hubiera sido más rápida?

RR: No, de ninguna manera. Es bueno no ver a diario al paciente. En esos cinco meses se presentó un cambio, no tanto físico sino mental en Cameron, porque tuvo que enfrentarse a la realidad, a verse diferente a sus amigos, sin rodillas, acostumbrarse a la mirada de los demás al estar en público, cómo iba a sentarse en el sofá o subirse al coche. Fue necesario que experimentara eso fuera de la clínica, fuera de la terapia física.

[Cameron: Necesitas salir al mundo real mientras estás tratando de adaptarte a tus nuevas circunstancias físicas.]

RR: Hay que reintegrarlos a su vida cotidiana. No hay dos pacientes que pasen por el mismo proceso. Algunos están convencidos de que se mueven con mayor rapidez en la silla de ruedas para justificarse y no usar prótesis. Cuando trabajamos con Heath Calhoun (un veterano de la Guerra de Iraq que perdió ambas piernas y que ahora destaca como atleta paralímpico en la especialidad de Esquí Alpino), quien llevaba dos años en silla de ruedas, nos enseñó que esto no es verdad porque debemos considerar el tiempo que se invierte en plegar y abrir una silla de ruedas, en desarmarla si no cabe en un transporte, además de que dependes de alguien más.

JG: ¿Cuál fue tu primera impresión cuando me conociste, el 12 de diciembre de 2005? En ese momento Cameron ya usaba C-Legs y lo hacía bastante bien…

RR: Antes de conocerte, me reuní con un familiar tuyo que vino a la clínica para conocer las instalaciones, e incluso le entregamos un DVD de Cameron para que vieran sus buenos resultados.

Te recuerdo muy flaco y pensé que tu peso iba a ser una ventaja para tu entrenamiento, y nunca me diste la impresión de que estuvieras batallando mentalmente con tu situación. Simplemente me preguntaste: "Bueno, ¿qué hay que hacer?", y te expliqué el proceso. Tu espalda estaba muy débil y pararte erguido te resultaba difícil en un principio. Tenías algunos dolores. Me preguntaste a qué paciente acompañamos de principio a fin en su rehabilitación y, como te comenté, fuiste el primero.

JG: Sí, contigo aprendí a dar los primeros pasos y me sorprendió que después de seis o siete semanas luchando con las rodillas mecánicas pude pararme y caminar, y tan pronto como empecé a caminar, me animaste a bajar las escaleras. Mi mamá me veía aterrorizada, hay un video de ese momento. Las primeras semanas nos veíamos diario durante 13 horas.

RR: Cuando supimos que te ibas a quedar en la clínica por cuatro meses, estábamos en *shock*. Chad me preguntaba: ¿Qué vamos a hacer con él diario durante cuatro meses? Pero tú querías estar en un ambiente que te permitiera entrenarte intensamente.

JG: Tú viste mi progreso del principio al fin, y creo que el éxito de mi rehabilitación consistió en que pasamos la mayor parte de los días fuera de la clínica. En mis conferencias, cito a menudo la vez en que empecé a usar las prótesis de piernas completas y llegamos a un restaurante donde había escaleras. Me dijiste: "¿Tienes hambre?, entonces subirás esas escaleras". Cada día hacíamos algo diferente, íbamos al supermercado, subíamos rampas, visitábamos un centro comercial y nos estacionábamos en la zona más alejada de la entrada. ¿Aprendiste algo de mi rehabilitación que sirviera a otros pacientes?

RR: Lo que vimos es que gradualmente ganabas más fuerza y equilibrio, más resistencia. Estabas determinado a usar las C-Legs. Usaste los *stubbies* por un periodo muy corto de tiempo.

JG: Cuatro semanas…

RR: Y probaste las C-Legs y no fue como lo esperabas. Te costaba trabajo balancearte y equilibrarte. Te caías.

JG: Sí, pero fue un buen comienzo porque gracias a eso decidimos que pasara la mayor parte del día en stubbies y probara un poco con las C-Legs, hasta que llegó el punto en que la mitad del día caminaba con las piernas robóticas, y así lo hice durante dos semanas hasta que me pediste que dejara por completo los stubbies. Por tus instrucciones, practicaba por mi cuenta cómo subir y bajar escaleras, y tenía que ingeniármelas para aprender cómo hacerlo para después mostrarte mi progreso.

RR: Llevabas ya dos semanas usando las C-Legs, tenías bastante seguridad y ajusté la alineación de tus pies.

JG: *Ya estaba cómodo caminando en superficies planas.*

RR: Odiaste el cambio al principio, pero te adaptaste.

JG: *Cuando modificaste mis pies, se me facilitó bastante bajar las rampas y las escaleras, y empecé a caminar con mayor fluidez. Me di cuenta que durante mi rehabilitación tuve que estar abierto a nuevas ideas, a nuevos cambios. Recuerdo que me pedías que bajara una rampa y al principio yo mostraba cierta resistencia. Me decías: "Cameron sí puede…" entonces yo también lo hacía.*

RR: Sí, esas eran las palabras mágicas. Era el botón que podía oprimir.

[Cameron: ¡Qué manera de motivarlo!]

JG: *Tengo muchos recuerdos de ti preguntándome una y otra vez: "¿Realmente quieres caminar?, entonces tienes que esforzarte más". No dejabas nunca de presionarme. ¿Qué pensabas de mí cada vez que superaba una etapa?*

RR: Claro que puedo ver el potencial que tiene una persona y, aunque tú trabajabas duro, no sé si sepas que desde mi cuarto yo podía ver las escaleras y a veces practicabas y otras veces te tomabas un descanso muy prolongado. Sí, tu progreso fue muy bueno, pero si ibas diario a la clínica tenía que ponerte a trabajar. Quería que entendieras que si realmente estabas dispuesto a caminar, debías tener tantas ganas o más de las que yo tenía de verte caminando.

Sí, reconozco que te presioné duro, pero quería asegurarme que compartíamos las mismas expectativas.

JG: ¿Qué opinas de mis logros? Porque alguna vez me dijiste que cuando regresara a México, iba a dar conferencias motivacionales y te aseguré que no tenía interés en eso. Yo quería volver al negocio familiar. ¿Acaso viste algo en mí para que ayudara a otras personas?

RR: Tú me pediste que documentara en video gran parte de tu rehabilitación, y no solicitas algo así para ver la cinta cada noche: hay una razón para registrar todo ese proceso. Además, cuando participaste en algunos eventos de la Conferencia Nacional de la Coalición de Amputados y fuiste invitado a hablar en el Centro Médico Militar Walter Reed (donde se atiende a soldados que participaron en Iraq), vi que lograbas comunicarte muy bien con la gente, pero tú también querías tener un impacto en los demás, ayudar a otras personas con lo que tú habías aprendido. Tienes esa pasión para difundir tu mensaje y lo disfrutas.

Cuando fuiste a Walter Reed todavía no tenías el dominio para caminar sobre las rampas, quizá estabas como a un 50 por ciento de tu capacidad, pero queríamos que fuera al hospital un paciente que estaba en plena rehabilitación, que no estaba "pulido y perfecto". Y contigo fue la primera vez que Hanger Clinic llevó a dos pacientes para hablar. Cuando intentaste bajar la colina detrás del Centro Médico Militar, había otros amputados en sillas de ruedas o apoyados en bastones que estaban observando y fracasaste en tu primer intento, pero la segunda vez lo lograste y estabas tan contento que esa energía ayudó a motivar a otras personas.

Yo estaba nervioso de tu visita a Walter Reed, pero recuerdo que tanto tú como Cameron no estaban intimidados para nada, estabas seguro de ti mismo y eso me hizo sentir que no tendrías problema alguno para hablar en público.

Cuando te enseñé a manejar, la primera vez fuimos a una pista del aeropuerto y tú estabas realmente emocionado, pero tuvimos que irnos porque no pudiste hacerlo y estabas furioso.

En otra ocasión, visitamos el aeropuerto justo en la época navideña y siempre tenías problemas para subir las escaleras eléctricas. Al llegar a la cima te caíste de bruces, intentabas levantarte y volvías a caerte, parecías Bambi sobre hielo. Yo estaba a tu lado, observándote, y una señora se molestó conmigo y me exigió que te ayudara. Yo le dije: "Le estoy ayudando". Caerse cuando se está aprendiendo a caminar es parte del proceso para ser independiente. Tuviste una gran audiencia ese día.

JG: Estoy realmente agradecido contigo, porque lo que en apariencia era un trato cruel tuvo como propósito mi progreso. Aprecio tu trabajo porque obtuve una gran recompensa.

RR: Me alegra haber sido parte de todo eso.

ATESTIGUAR LA TRANSFORMACIÓN DE LAS PERSONAS ES LO MÁS SATISFACTORIO DE MI TRABAJO: ENTREVISTA CON CHAD SIMPSON

JG: ¿Cuál es tu especialidad y dónde trabajas?

CS: Trabajo para la Hanger Clinic en Oklahoma, donde soy el administrador clínico. Tengo 44 años y soy un protesista certificado desde hace casi 20 años. Comencé entre 1997 y 1998.

JG: *¿Cuáles son las mayores dificultades que enfrentas cuando quieres adaptarle al paciente la mejor prótesis?*

CS: Cada individuo es único en su estructura ósea y en la densidad de su tejido blando, por lo que cada persona implica un reto distinto.

JG: *¿Hay pacientes que nunca se adaptan a la prótesis pese a que gracias a ella puedan caminar?*

CS: Creo que hay pacientes a los que les cuesta trabajo aceptar que han sido amputados y este problema psicológico pesa más que la función de la prótesis. Cuando eso pasa, tratamos de motivar al paciente e incluso propiciamos su convivencia con personas cuya condición sea más severa que la de ellos para que se den cuenta de que es posible salir adelante.

JG: *¿En qué parte del mundo hay mayores avances en la investigación de prótesis?*

CS: Lamentablemente, debido a las guerras hay una gran cantidad de investigaciones alrededor del mundo. Gobiernos de distintos países invierten mucho dinero para rehabilitar a los soldados heridos.

JG: *¿Hay algo que todavía esté por descubrirse, o que al menos pueda mejorarse sobre las prótesis?*

CS: Soy positivo y creo que hay recursos que aún no han sido descubiertos y explorados y que con la ayuda de los científicos podrán beneficiar a más personas que han sido amputadas.

JG: *¿De qué materiales son mis prótesis?*

CS: Tus rodillas cuentan con microprocesadores (sensores que controlan el movimiento y el ritmo para un modo de andar más natural), pies y *sockets* de fibra de carbono y de un material conocido como Pro-Flex, una pieza flexible que permite una separación entre tu cuerpo y tu marco rígido.

JG: ¿Recuerdas cuando que me conociste?

CS: Desgraciadamente, sí.

JG: Fue el 12 de diciembre de 2005. ¿Cuáles fueron tus pensamientos cuando me viste?, ¿creíste que iba a caminar o que tenía algún problema psicológico? ¿Qué pensabas de la prótesis que yo estaba usando entonces?

CS: Te recuerdo delgado y frágil porque tu accidente apenas había ocurrido seis meses antes. Estoy seguro que estabas nervioso por haber venido a Hanger, y un tanto incierto de si tu estancia aquí sería exitosa.

Cada vez que llega algún paciente por primera vez, queda la duda de si podremos rehabilitarlo. Sabía que eras determinante y creo que el apoyo de tu familia fue una de las razones más poderosas para que salieras adelante. Comenzamos trabajando con los *stubbies* para recuperar tu balance, tu fuerza y tu centro.

JG: ¿Cuál es tu opinión sobre mi rehabilitación, fue rápida o pudo haber sido más expedita aún? ¿Consideras que el éxito de mi rehabilitación consiste en haber estado en esta clínica diario durante tres o cuatro meses?

CS: Creo que tus circunstancias son muy diferentes al del resto de los pacientes, porque rara vez pueden permanecer tanto tiempo en la clínica y eso fue una ventaja definitiva para ti. Regresabas a casa con lo aprendido en el día para trabajarlo por tu cuenta. Aceleró tu progreso, te pusiste de pie nuevamente y articulaste tus rodillas mucho más rápido que el común de la gente.

JG: ¿Consideras que tengo habilidades diferentes que otros pacientes no poseen?

CS: La razón por la que eres exitoso es porque eres muy determinante: no permites que nada se entrometa en tu camino. Viajas internacionalmente y creo que tienes muy pocas limitaciones en tu vida. Obviamente, has tenido que lidiar con uno que otro problema, pero has salido adelante. Y cuando ves algún obstáculo, encuentras los recursos para quitarlo de tu camino.

JG: ¿Qué piensas de las nuevas prótesis que me colocaron?

CS: Desde que te pusimos las primeras prótesis ha habido un gran avance tecnológico. Algunos de los beneficios que ofrecen es que mejoran mucho su funcionamiento al caminar.

JG: ¿Podrías decirme cuánto cuesta reparar las rodillas de mis antiguas piernas a diferencia del costo de unas rodillas nuevas?

CS: El costo estimado de la reparación de tus rodillas es de 25 mil dólares cada una, 50 mil dólares en total. Unas prótesis nuevas tendrían un costo equivalente o incluso más barato.

JG: Tras mi pronta rehabilitación (que me permitió estar de pie ocho meses y medio antes de lo pronosticado) fui invitado junto con Cameron Clapp a dar una plática al Hospital Militar Walter Reed. Desde tu punto de vista, ¿crees que les servimos de inspiración a los soldados heridos en Iraq que estaban internados?

CS: Tú te encontrabas todavía en una etapa muy temprana de tu rehabilitación, pero pienso que fue una experiencia muy positiva porque Cameron se convirtió en tu mentor. Él se adaptó muy bien a las actividades cotidianas y te enseñó a salir y enfrentar el mundo. Los dos, gracias a su progreso, sirvieron de ejemplo para los hospitalizados en Walter Reed. Esa experiencia te demostró que tú también podías ser un tutor para alguien más.

JG: ¿A qué atribuyes el éxito de Hanger Clinic? ¿Es la empresa más grande en el mundo en proveer prótesis?

CS: Tenemos 800 oficinas en Estados Unidos y esta es una de las razones por las que nuestro nivel de ventas es alto. También creo que en este lugar los médicos tienen un acceso más rápido a la tecnología, a diferencia de otras compañías en el mundo.

JG: Supe que fueron capaces de hacer una prótesis para un delfín, ¿qué me puedes decir de esto?

CS: El delfín estaba en Florida. Una parte del

equipo trabajó aquí en Oklahoma y otra se trasladó a ese lugar. El trabajo inicial consistió en corregir la columna vertebral del delfín. Mientras más trabajaban los científicos, más anomalías detectaban. Se examinaron los efectos que tendría la utilización de una prótesis para que pudiera nadar mejor que sin su cola.

JG: Cuando empecé a caminar con dos prótesis como piernas, no había gente que lo hiciera a pesar de que la tecnología estaba disponible. Ahora hay una gran cantidad de personas que han tomado la decisión de utilizar piernas robóticas, ¿cuál es la razón de este cambio?

CS: Pienso que gente como tú, Cameron Clapp y Heath Calhoun (el atleta paralímpico, veterano de la Guerra de Iraq, que perdió ambas piernas y que practica Esquí Alpino) fueron capaces de demostrarle a otros individuos que era posible caminar.

En Oklahama desarrollamos una rutina, un programa que ha arrojado grandes beneficios y no dejamos de actualizarlo para mejorar los resultados. Primero utilizamos las *stubbies* porque son fundamentales para restablecer el equilibrio y la fuerza, para que el paciente retome su confianza. Se requiere de al menos unos tres meses de uso de esas prótesis cortas antes de colocar las piernas robóticas. Hemos encontrado que este es el mejor método para que las personas vuelvan a caminar con seguridad, sin miedo a caerse.

JG: ¿Cómo me ves ahora con relación a cuando me conociste?

CS: Probablemente la mejor parte de mi trabajo es atestiguar la transformación de las personas. Empiezan muy débiles e inestables y pronto se vuelven activos, viven su vida y hacen las cosas que les gusta hacer, como ha sido tu caso. Y eso es lo más satisfactorio de mi trabajo.

Tengo otro paciente que pese al diagnóstico de sus médicos, según el cual nunca podría utilizar prótesis, logró vencer los comentarios negativos y recobró su vida. Eso me resulta muy inspirador.

No me quedé estancado cuando mi vida dio un vuelco inesperado hace casi diez años. No permanecí inmóvil ante las opiniones negativas que decían que no volvería a ser la persona que era antes de mi accidente. Aquí con militares en Bogotá, Colombia.

Cuando platico con la gente, ya sea en un auditorio o de manera directa, siempre los motivo para que no tengan miedo de afrontar lo que el destino les presenta. Aquí en los Endevor Games con Cameron Clapp y Heath Calhoun.

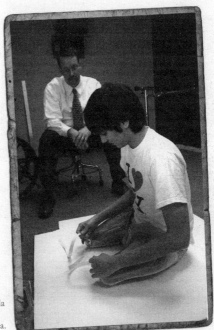

No hay objetivos inalcanzables, no existe nada que pueda frenar el empuje y la fuerza que la perseverancia te brinda. Aquí con Chad Simpson.

Además del cariño y el apoyo incondicional de mi familia y amigos, durante mi proceso de restablecimiento y reaprendizaje estuve acompañado de profesionales comprometidos con su trabajo.

En esta visita a la clínica de Hanger en Oklahoma, tuve la oportunidad también de platicar con algunas de las personas que contribuyeron directamente en mi restablecimiento: Randy Richardson y Cameron Clapp, quien fue una inspiración importante para mí.

8

Y SI
HUBIERA...

Si mi experiencia de vida puede incidir en otras personas para motivar un cambio en su manera de pensar, entonces puedo sentirme satisfecho.

JBGA

Las circunstancias que rodearon mi accidente están encadenadas a una serie de escenarios hipotéticos que podrían haber modificado mi historia, cambiándola radicalmente. Casualidades a las que llamo los "hubiera".

Si no hubiera salido de Monterrey para ir a estudiar al extranjero.

Si no hubiera decidido continuar en Europa después de mi estancia en Madrid.

Si hubiera cambiado el itinerario de mi viaje.

Si no me hubiera subido a ese tren en Mónaco.

Si al llegar a La Spezia hubiera estado dormido, como la mayoría de los ocupantes del convoy.

Si mi sed y la necesidad por comprar agua no me hubieran hecho descender del vagón durante la madrugada.

Si el guardia encargado de supervisar a los pasajeros que nos dirigíamos a Roma hubiera estado atento de vigilar que todos los viajeros ocupáramos nuestros lugares.

Si el calor húmedo en el norte de Italia no me hubiera impulsado a calzar unas sandalias de plástico de pata de gallo, en lugar de los zapatos tenis que días antes utilicé para jugar futbol con mis amigos en la playa de Barcelona.

Si no me hubiera detenido unos instantes frente a una máquina expendedora de dulces.

Si cuando noté que el tren emprendía la salida, hubiera dejado que partiera.

Si me hubiera quedado parado, observando cómo el ferrocarril se alejaba con mis amigos y el poco equipaje que llevaba.

Si la adrenalina del momento no me hubiera impulsado a tratar de alcanzar esa máquina que partía sin mí.

Si no hubiera tenido la seguridad de que corriendo podría llegar a mi vagón.

Si el tren hubiera avanzado a menor velocidad.

Si hubiera corrido más lento y no llegara a sostenerme de la barandilla de la puerta del vagón.

Si mis pies se hubieron apoyado firmemente en el estribo.

Si cuando ocurrió mi accidente los paramédicos no hubieran estado disponibles, o no hubiesen llegado prestos a auxiliarme.

Si en lugar de mis piernas, el tren se hubiera llevado mi vida…

Alguna vez escuché a alguien decir que "el hubiera" es un verbo que se conjuga en tiempo perdido, que el "hubiera" no existe. Mi experiencia le da la razón, pues ahora ya no es importante detenerse a pensar en cómo se habría modificado mi historia si el azar, la suerte, Dios o la propia vida cambiaran algunos aspectos presentes en el accidente que me convirtió en otra persona.

A diez años de distancia pienso que todo se conjugó de una manera precisa, coordinada y calculada, como si se tratara de un guión que hasta ese momento no conocía. Tal vez en otro momento, ese juego del destino habría hecho que llegara a salvo a Roma, continuara mi viaje por el continente europeo sin mayores contratiempos y siguiera con la vida prevista a mis 23 años.

Pude dejar que el tren se marchara y abordar el siguiente sin problema alguno, pues traía conmigo mis documentos y gracias a la generosidad de mis padres, en mi cartera había dinero suficiente como para esperar otra salida. Quizás habría regresado a mi país listo para compartir con mi familia y amigos el aprendizaje de mi viaje por Europa, tal vez estaría casado con otra persona y seguro tendría una forma muy diferente de ver y percibir la vida.

O tal vez no.

Pero también pude haber muerto en el instante en que las ruedas del tren pasaron sobre mí. ¿Qué hubiera pasado si nadie escucha mis gritos de dolor y llaman a los servicios de urgencia? Podría haberme desangrado tirado en la estación, mientras esperaba la llegada de la ambulancia. ¿Y si mi cuerpo no hubiera resistido tanto dolor y mutilado se negara a continuar luchando?

También habría podido quedar sumido en un sueño profundo y no ver la preocupación de mis amigos que al ver que no abordé el tren, volvieron para saber lo que había pasado. Tampoco habría apreciado el sacrificio que mis padres, temerosos y angustiados, hicieron para cruzar el mundo en unos días y estar a mi lado cuando desperté en el hospital.

Sin embargo, la muerte era sólo una más de las posibles consecuencias del percance. Quedar parapléjico era otra opción. O bien, que mis órganos resintieran el trauma al que fueron sometidos y presentaran fallas importantes en riñones, hígado o incluso un accidente cerebrovascular por la falta de oxigenación.

La gente se asombra todavía cuando les cuento, durante mis conferencias o de manera personal, la sorpresa de los médicos al constatar que pese a entrar en shock por la pérdida de sangre, mis órganos no sufrieron daños. No presenté otras fracturas siquiera. Incluso, no tengo cicatrices que delaten las raspaduras que sufrí en la espalda, el hombro y los brazos y que todos pensaban que dejarían un recuerdo imborrable.

Y aunque la amputación de mis piernas es una lesión permanente, conservé la vida, la conciencia, la lucidez y la capacidad para narrar mi historia y transmitir a través de mi experiencia, un mensaje de esperanza y voluntad a otras personas.

Lo que ahora tengo claro es que, si mi experiencia de vida puede incidir en la gente para motivar un cambio positivo en su manera de pensar, en la forma en que ven su propio mundo, en concebir su existencia de otra manera y darse cuenta de que no es necesario sobrevivir a eventos dramáticos en la historia de cada uno de nosotros para hacer un alto y tomar conciencia de la importancia y responsabilidad de nuestros actos; en mostrar que sólo basta la voluntad para lograr lo que se quiere, entonces puedo sentirme satisfecho con lo que hago.

Hace poco leí en las noticias algo que me conmovió. Era la historia de un niño palestino que perdió sus piernas durante un bombardeo. Pero lejos de lamentarse por su condición, de enojarse por su invalidez, de condenar a los culpables de su desventura, este pequeño estaba agradecido. ¿Paradójico? No para mí, pues contaba que en los ataques murieron familiares y amigos y él "sólo perdió las piernas" pero era afortunado porque estaba vivo.

La situación que la vida me presentó me permitió observar el sentido de mi propia existencia desde otra perspectiva. Me parece que vale la pena voltear a ver episodios de nuestra cotidianidad y darnos la oportunidad de ser agradecidos con la vida por lo que tenemos.

¿Acaso no es una fortuna gozar del amor y cariño incondicional de familiares y amigos? ¿No podemos considerarnos dichosos de estar a salvo de la violencia y el odio que se vive en muchos lugares? Yo creo que circunstancias como estas nos permiten aprender de nuestro propio camino.

Desde mi accidente he intentado evitar pensar en esos "hubiera", pero a veces es difícil no hacerlo. Finalmente, la posibilidad de imaginar escenarios distintos de lo ocurrido en nuestras vidas es una capacidad inherente a todos. Sin embargo, no me aferro a esas posibilidades. Las vislumbro como situaciones fantásticas y luego, simplemente las olvido. Las dejo pasar.

En mi caso los hubiera proponen algo diferente, interesante tal vez, pero que hablaría de otro Josafat que desconozco. Porque el *Josa* que vive agradecido con la vida se levantó de las vías del tren que, al arrancarle las piernas, lo dotó de otros medios para que en adelante sus pisadas fueran más fuertes, más profundas y permanentes, y que aspira a que sus pasos dejen ahora una huella indeleble.

En este libro escribí una breve descripción de una fotografía que me hizo reflexionar sobre la memoria de una persona que ya no es. Tendría también que presentar la memoria de la persona que hubiera sido. Entonces me doy cuenta que también soy la persona que iba a ser. Soy esa, pero con muchas cosas más. Y es que si unimos muchos "hubiera" podríamos escribir otra historia. Pero no sería la mía.

La situación que la vida me presentó me permitió observar el sentido de mi propia existencia desde otra perspectiva.

Las circunstancias que rodearon mi accidente están encadenadas a una serie de escenarios hipotéticos que podrían haber modificado mi historia, cambiándola radicalmente. Si hubiera cambiado el itinerario de mi viaje. Si no me hubiera subido a ese tren en Mónaco...

¿Acaso no es una fortuna gozar del amor y cariño incondicional de familiares y amigos? ¿No podemos considerarnos dichosos de estar a salvo de la violencia y el odio que se vive en muchos lugares?

El *Josa* que vive agradecido con la vida se levantó de las vías del tren que, al arrancarle las piernas, lo dotó de otros medios para que en adelante sus pisadas fueran más fuertes, más profundas y permanentes, y que aspira a que sus pasos dejen ahora una huella indeleble.

9

SIN IMPOSIBLES. CONFERENCIA *PASOS QUE DEJAN HUELLA*

*El propósito de estar de pie frente a una audiencia
sigue siendo motivarlos a seguir adelante. Que
comprendan que yo estoy ahí para enseñarles que
cada uno de ellos puede conseguir lo que quiera, que
todos son capaces de hacer lo que hice.*

JBGA

*Algunas caídas son el medio para levantarse a
situaciones más felices.*

W. Shakespeare

*La vida es la que nos empuja, cuando nos habíamos
propuesto algo muy diferente.*

Henry Miller

Cuando regresé caminando a terminar la universidad, casi un año después de mi accidente, mi profesora Elvira Torres me pidió que compartiera con mis compañeros de grupo la experiencia por la que había atravesado, así como las enseñanzas que me dejó. Esa fue la primera vez que conté en público lo sucedido. No pensé que tiempo después, hablar frente a auditorios más grandes, sería parte de mi quehacer cotidiano.

No soy un motivador profesional, tampoco me interesa servir de ejemplo a nadie, pero a lo largo de los últimos nueve años he aprendido que mi historia de vida puede ayudar a otras personas a percibir de manera más clara sus fortalezas, debilidades y objetivos, a fin de que puedan darse cuenta que siempre hay maneras positivas de enfrentar las vicisitudes que se van presentando cotidianamente.

Conforme he ido narrando mi historia, primero a través de charlas informales y después conferencias, me he dado cuenta de que desde el principio tenía objetivos claros y precisos: quería caminar otra vez, terminar mi carrera de Contaduría Pública y Finanzas, graduarme, trabajar con mi papá y recuperar el control de mi vida. Antes, había cumplido ya uno de mis primeros deseos, que era vivir sin que me importara carecer de piernas. A partir de entonces, mi historia se convirtió en una serie de retos por cumplir, metas por realizar y un camino por recorrer.

Para caminar de nuevo necesitaba reaprender. Debía además dejar el corazón, los miedos y la incertidumbre en un campo de entrenamiento, en largos pasillos, rampas y escaleras. Requería adaptarme a una nueva realidad, pero para ello también eran necesarias unas piernas especiales; extremidades robóticas muy costosas que pude adquirir en Oklahoma gracias al sacrificio, cariño y apoyo de mis padres.

Sin embargo, una vez que tenía mis prótesis, yo tenía más ambiciones. No sólo quería caminar, ahora pretendía volver a vivir la sensación de correr, como cuando lo hacía antes de mi incidente, pero para ello necesitaba de unas prótesis especiales.

En julio de 2006 regresé a Oklahoma City a una revisión, a un chequeo de rutina para que verificaran el estado de las piernas. En esa ocasión, me quedé una semana y entonces le comenté a mi doctor sobre mi inquietud por volver a correr. Me contestó que estaban muy ocupados y no podían llevarme a la pista de atletismo, pero era posible que me enseñaran a colocármelas.

Calibraron a mi peso un par de prótesis especiales para correr fabricadas en fibra de carbono, que funcionan como una especie de muelle que responde a la presión que le ejerzas. La pierna regresa hacia arriba con la misma fuerza que se le aplicó, así que básicamente el ejercicio consiste en saltar de una pierna a la otra.

Corrí un poco en el pasillo del consultorio y, acompañado de mi hermana, fuimos después a la pista de atletismo. Durante esa semana practiqué dos o tres veces antes de volver a Monterrey. Cuando regresé, mi papá me dijo que si quería esas prótesis, él podría comprármelas, pero me negué rotundamente a su amable ofrecimiento.

Le dije que me gustaría que esas piernas fueran algo que yo consiguiera, un logro personal.

No tenía dinero. Sin embargo, me seguían buscando para dar pláticas, fue entonces que me surgió la idea de aprovechar esas ocasiones para pedir apoyos a quienes me escuchaban. Tenía la certeza que de tanto insistir, mi petición llegaría a la persona indicada. En cada conversación les hablaba de mis planes, de mi intención de regresar a una pista de entrenamiento, de no quedarme inmóvil. Fui a una conferencia, luego a otra, una más… y nada.

Pero un buen día, me invitaron a dar una plática en Coahuila y las organizadoras realizaron una colecta porque sabían de mi interés por conseguir los 20 mil dólares para comprar mis piernas para correr. Era la primera vez que salía de Monterrey a un encuentro. Al final, me entregaron una caja con varios sobres pequeños adentro. Ese fue el primer dinero que recibí a cambio de contar mi historia y motivar con ella a quien me escuchaba, ya que antes lo hacía de manera altruista. Confirmé entonces que ésta sería una medida viable y adecuada para conseguir recursos, porque descubrí que las personas consideraban que mi testimonio tenía algo valioso.

Se trataba de una ayuda mutua, pues mi intención era motivar y ayudar a la gente, pero también ellos podrían ayudarme a mí. En ese momento mi objetivo era adquirir esos soportes para correr, pero con el tiempo iba a necesitar otras piernas para caminar, o sentar los cimientos de un proyecto mayor que me permitiera ayudar a más personas.

No fue fácil decidirme a pedir una contribución a cambio de contar mi historia. No era sencillo decirle a alguien que cubriera mis gastos si no tenía experiencia ni currículum; se trataba de una decisión incierta que podría no dar resultados. Por fortuna, no fue así y comenzaron a llamar los primeros interesados, quienes me encontraron sin facturas ni trámites burocráticos complejos.

A través de mi sitio de Internet se multiplicaron también los potenciales oyentes, y me comenzaron a buscar de distintas partes del país.

Siempre estaré agradecido con Hernando Salinas, dueño de la compañía Xanax de América SA de CV –una empresa 100 por ciento mexicana establecida en Guadalupe, Nuevo León, con más de 60 años de experiencia en el desarrollo y elaboración de productos naturales– por ser una de las primeras personas que creyeron en mi carácter de conferencista y motivador. Me llevó de gira y pidió que fuera la cara de su corporativo.

A mucha gente le ha gustado mi trabajo y pide que los acompañe dos o tres veces. Algunos también son muy insistentes, y no cejan en su empeño hasta que me presento con ellos. Apoyo además a grupos de estudiantes o asociaciones pequeñas que deben hacer un esfuerzo notable en la organización. A estos siempre les recomiendo que para garantizar que su evento tenga éxito, convoquen a la mayor cantidad de personas que puedan.

Con los recursos obtenidos de las conferencias, me acercaba poco a poco a la meta propuesta de comprar las piernas para ejercitarme. Sin embargo, al paso de un año tuve la oportunidad de apoyar a una chica, Evelyn Cadena, que había sufrido la amputación de un pie a consecuencia de un tipo de cáncer. Ella lo único que quería era caminar y presentarse así a su graduación, por lo que me ofrecí a acompañarla a Oklahoma para que se rehabilitara. Le aseguré que volvería caminando de ese viaje, y así fue. Estuve con ella durante todo su proceso, hasta su regreso a Monterrey.

Llegamos a Hanger a principios de julio de 2007 y Chad Simpson me estaba esperando. "Tengo un regalo para ti", dijo y me entregó mis piernas de correr. Sorprendido le pregunté por qué me las obsequiaba, a lo que me contestó que mucha gente se había ido a atender con ellos gracias a mí. Que mi historia de éxito era una publicidad muy buena y que la empresa estaba en condiciones de darme las prótesis como un patrocinio. "Considéralas como un intercambio comercial. Queremos ayudarte a ti después de que tú nos ayudaste", agregó Chad con una sonrisa de satisfacción.

No soy conferencista de tiempo completo, pues divido mis actividades entre mi trabajo formal en el negocio familiar, mi labor como motivador y las actividades que surgen de la fundación altruista sin fines de lucro *Pasos que dejan huella, AC*, de la que soy Presidente Fundador. El dinero que obtuve de las conferencias con el propósito de adquirir las piernas para correr, se reinvirtió en mis otras ocupaciones.

Hoy sigo impartiendo charlas motivacionales. Nunca he tomado cursos de oratoria o me he preparado profesionalmente como divulgador, pues siempre intento comunicarme con los demás de manera más natural. Pero tengo la intención de capacitarme, pues considero que siempre debe existir un espacio para mejorar.

Aunque creo que mi discurso es completo, no tengo una fórmula probada y quizás el día de mañana no logre llegar a la gente de la misma manera en que hoy lo hago. Ahora soy joven, y esa condición lleva a la gente a verme de una manera determinada, pero con el paso de los años seguramente seré otra persona que pretenda transmitir su mensaje de forma distinta, o quiera comunicarme con sectores diferentes. El público que asiste a mis conferencias va cambiando y nunca es el mismo. Y a mí me interesa renovarme, con el objetivo de estar preparado para el futuro.

El propósito de estar de pie frente a una audiencia sigue siendo motivarlos a seguir adelante. Que comprendan que yo estoy ahí para enseñarles que cada uno de ellos puede conseguir lo que quiera. Todos son capaces de hacer lo que hice porque soy una persona como cualquier otra y no tengo motivos para menospreciarme y autocompadecerme.

No me interesa explotar la parte emotiva de mi historia de vida, pues no pretendo hacer que la gente sienta lástima por mí ni por ellos mismos, ya que todos tenemos la capacidad de hacer los cambios necesarios en nuestras vidas para conseguir lo que queremos. Sólo es cuestión de trabajar y nunca rendirnos.

Hace casi nueve años comencé a impartir conferencias motivacionales en público. Lo inicié a partir de que mucha gente comenzó a mostrar interés en detalles sobre mi accidente y sobre todo, querían saber cómo es que lo había superado a tal grado que hoy mi vida no es "normal", sino extraordinaria.

Nunca sé quién será mi escucha, tampoco tengo la certeza de que mi charla les resultará interesante, pero me mueve a hacerlo la convicción de que las historias de vida permiten a los oyentes sentirse reflejados en algún momento. Como seres humanos nos unen los mismos sentimientos y miedos. No importa realmente a qué te dediques, todos somos iguales en la medida en que siempre hay en nuestras vidas amor, odio, alegría, tristeza, enfermedad, miedo, accidentes… Somos más vulnerables de lo que pensamos.

He estado de pie compartiendo mi experiecia y reflexiones frente a estudiantes, trabajadores y profesionistas. Intento ir a dónde me invitan, porque ser solidario con el otro comienza desde que uno presta tiempo no sólo a compartir lo propio, sino a escuchar.

Después de que hablo abro también mis oídos al público que participa con sus preguntas y comentarios. La voz colectiva se convierte de pronto en un gran coro que confirma una y diez veces, que cualquiera puede lograr lo que se propone.

Mi actitud jamás es la de un sabelotodo que va a enseñar algo. No le voy a decir a la gente cómo ser felices, ni mucho menos cómo deben llevar sus vidas. Lo único que hago es contarles, desde mi honestidad, mi experiencia y mi corazón, lo que tuve que pasar para estar de pie frente a ellos.

Tal es mi convicción que jamás experimento nerviosismo durante las charlas. No me gusta el histrionismo para presentarme como víctima o héroe; tampoco utilizo frases hechas ni exagero para caer en el melodrama. No me gusta usar máscaras, sólo narro con naturalidad, como ese día venga a mi memoria, ese acontecimiento que le dio un sentido distinto a mi existencia.

El Josafat que ven ahí sobre el escenario, es el Josafat de todos los días. Es el que bromea sobre sí mismo, el que mira con naturalidad los incidentes de la vida, el que busca en todas las oportunidades cotidianas un espacio de felicidad, el que sabe que cuando alguien tiene objetivos claros, difícilmente detendrá su camino.

Cuando charlo, me gusta hacer énfasis en el papel que la voluntad tiene para ir cerrando ciclos y concretando metas. La voluntad no es para mí un don concedido, sino un rasgo con el que todos nacemos y que debemos ir desarrollando, fortaleciendo y ejercitando todos los días. La voluntad ha sido para mí la fuerza interior que hoy me tiene de pie, con la frente en alto, feliz y con una familia maravillosa.

Es la voluntad la que te permite dominar tus impulsos, controlar tus decisiones y elegir reflexivamente lo que te conviene. Por más inteligente y brillante que puedas ser, cuando se trata del cumplimiento de metas, sin duda la voluntad puede más. La inteligencia sin voluntad no tiene futuro.

En mis charlas me gusta contar todo sobre mi vida y mis inquietudes. Desde los sueños que tenía antes de hacer mi viaje, hasta lo sucedido en la estación de La Spezia. Esa sensación que tuve al estar tirado en las vías del tren, la reacción de los médicos en Italia, el paro respiratorio que sufrí, la fisura en la segunda vértebra cervical que volvía a amenazar mi vida, mi inmovilidad al despertar en el hospital, mi regreso a Monterrey y todo mi periodo de rehabilitación. Tenía apenas 23 años.

Comparto ese pequeño instante en el que dejándome llevar por la opinión de otras personas, me invadió el miedo de pensar que quizá nunca más iba a caminar y que probablemente siempre tendría que depender de otros. Sin embargo, aclaro que cuando me surgió ese temor ante lo desconocido, lo que hice inmediatamente fue darle un giro a mis pensamientos para asumir mi sentido de responsabilidad y, por lo tanto, trabajar en el porvenir.

Es fundamental aprender a ser responsable de lo que hacemos porque es común que cuando una persona vive una situación negativa, empieza a voltear para ver quién tiene la culpa y creo que ese es un gran error. A mí me sirvió mucho no culpar a nadie. Ese momento de temor por lo que vendría y mi reflexión posterior, me permitieron entender que tenía frente a mí una oportunidad y que no debía despreciarla.

Además, algo de lo que estoy convencido es que todas las situaciones pasan por algo. Creo que una actitud positiva se tiene cuando, frente a las experiencias complicadas que se nos van presentando en la vida, en lugar de rendirte y quejarte por lo que careces, debes agradecer lo que sí tienes.

Debemos ser capaces de identificar las oportunidades ahí donde parece que el camino termina, cuando pensamos que el obstáculo es más grande que nuestra mente, nuestro corazón y nuestra voluntad. Nunca es así, y creerlo es también una de las maneras en que lo superaremos.

Recuerdo que viví fuertes momentos de frustración durante los primeros intentos de mi rehabilitación, ya que por más que lo intentaba muchas horas al día, no avanzaba de ninguna manera. Pero entonces, ¿qué hacía en esos momentos? Pues pensaba en lo que me motivaba a seguir adelante, desde mi familia y amigos que siempre estuvieron presentes, hasta una frase que leí que afirmaba que lo imposible no era un hecho, sino la opinión de alguien más. Y no era la mía.

Entonces pensaba que nada es imposible en esta vida, que todos tenemos las mismas posibilidades, pero debemos salir a buscarlas, encontrarlas y saberlas identificar. Por eso, desde entonces asumo las metas como un compromiso.

Luego de mi accidente, los primeros pasos que di los hice con unas piernas pequeñas llamadas *stubbies*, que sirven como parte del entrenamiento antes de poder utilizar unas más largas. Recuerdo que alguien me preguntó si no me daba pena que me vieran tan chiquito por la calle, y yo le contesté: "¿Por qué me va a dar pena si cada paso que doy, por pequeño que sea, me acerca más a lo que quiero lograr?".

Parte fundamental de mi recuperación fue caerme una vez tras otra, pero cuando aprendí que no hay nada más allá del suelo, se volvió mucho más sencillo levantarse y volverlo a intentar. Cuando las cosas cuestan mucho trabajo, siempre traen consigo aprendizaje. Sé que estar tirado en el piso no es la posición más cómoda que existe, pero ahora sé también que quizá es la postura en la que más se aprende. El éxito sin caídas no sabe, y seguro desaparece tan pronto como llegó. Es efímero. Nadie sabe de lo que es capaz de hacer hasta que se encuentra en esos momentos límites que marcan su vida para siempre.

He dado conferencias en foros con más de cinco mil personas y por supuesto, les comparto que a pesar de mi experiencia y de lo que he vivido, no significa que dejaré de equivocarme. Sin embargo, tengo interés en contagiarles la idea de que justo por detrás de las equivocaciones, fracasos y tragos amargos, es posible encontrar lecciones buenas, que son las que nos llevan a ser lo que hoy somos. Por eso estoy convencido que lo opuesto al éxito no es el fracaso, sino la mediocridad; es decir, quedarnos estáticos sin hacer nada, esperando que pasen las dificultades, o creyendo quizás que por sí solas se van a solucionar. Sinceramente no conozco a nadie que se haya sacado la lotería sin comprar un billete.

Ser conferencista también me ha traído experiencias increíbles. Gracias a ellas he conocido a mucha gente admirable, entre ellos a Carlos, un chico regiomontano sin recursos para comprar una prótesis, y a Julián, otro joven español radicado en Barcelona que también necesitaba una ayuda, un impulso para salir adelante. Sus casos e historias me ayudaron para definir el proyecto y posteriormente conformar mi fundación *Pasos que dejan huella, AC*, una institución sin fines de lucro a través de la cual comencé a buscar la manera de reunir fondos para beneficiar a personas con escasos recursos que necesiten apoyo para la adquisición de prótesis, busquen la mejor opción de tratamiento o requieran orientación para afrontar un problema de esa naturaleza y mejoren su calidad de vida.

En la actualidad, tanto Carlos como Julián corren, caminan, saltan y llevan una vida como la de cualquier otro. Cuando los veo pienso que todo ha valido la pena y es que, con que una sola persona de todo el auditorio que me escucha cambie la manera de ver su vida, puedo pensar que mi cometido se ha logrado.

Cuando me paro frente a muchas personas en auditorios o espacios llenos y logro llamar su atención, en realidad no lo hago para decirles qué tantas cosas he hecho o cuánto quiero lograr, sino voy con la convicción de decirles que nada es imposible y que hay cosas que considero importantes para alcanzar el éxito: aceptar las situaciones que nos presenta la vida, tenernos confianza y aclararles que la batalla primero se gana internamente y luego afuera.

Quiero transmitir el mensaje de que es importante buscar en nuestro entorno a personas con quien podamos trabajar y confiar, así como mantener siempre la fe y perseverancia. Ayudarles a entender que no hay montaña alta ni camino largo y que la palabra "imposible" no existe porque representa un reto.

Un día alguien me dijo que no volvería a caminar. Que en mis condiciones, esa meta era imposible. Pero lo que para él era imposible, para mí era la vida cotidiana. Cuando a uno le dicen que algo es imposible, es sin duda la mejor oportunidad de dejar huella en la vida.

Josafat Baldomero González Armendáriz

Monterrey, Nuevo León, junio de 2015

No soy un motivador profesional, tampoco me interesa servir de ejemplo a nadie, pero a lo largo de los últimos nueve años he aprendido que mi historia de vida puede ayudar a otras personas a percibir de manera más clara sus fortalezas, debilidades y objetivos.

Ser conferencista también me ha traído experiencias increíbles. Gracias a ellas he conocido a mucha gente admirable, entre ellos a Carlos, un chico regiomontano sin recursos para comprar una prótesis, y a Julián, otro joven español radicado en Barcelona que también necesitaba una ayuda, un impulso para salir adelante.

Pasos que dejan huella, AC, una institución sin fines de lucro a través de la cual comencé a buscar la manera de reunir fondos para beneficiar a personas que necesiten apoyo para la adquisición de prótesis.

Cuando charlo, me gusta hacer énfasis en el papel que la voluntad tiene para ir cerrando ciclos y concretando metas. La voluntad no es para mí un don concedido, sino un rasgo con el que todos nacemos y que debemos ir desarrollando, fortaleciendo y ejercitando todos los días. Aquí en conferencia con Juan Pablo, un niño de Cuernavaca, Morelos.

LA GRATITUD ES UN DON

Cuando pides por otra persona, Dios te ayuda a ti también.

Amanda Armendáriz

Cuanta más gratitud sientas, más feliz serás y tu vida cambiará más rápido.

Rhonda Byrne

Ser agradecido y reconocer lo que los demás hacen por nosotros debe ser una actitud ante la vida. Han pasado ya diez años desde el accidente que me cambió de manera decisiva y durante este tiempo he sido bendecido con el cariño y apoyo de mucha gente.

Tantas, que me resulta casi imposible nombrar a todos aquellos que han acompañado mis pasos de manera solidaria y desinteresada. Son muchas las personas a quienes me gustaría agradecer su presencia. A muchas de ellas se los he dicho personalmente. A otras, la mayoría, no había tenido la oportunidad de hacerlo. Sirvan estas líneas para mostrarles mi gratitud.

Antes que nada, agradezco a Dios por darme la oportunidad de estar vivo y por permitirme comunicarles este mensaje.

Después, extiendo mi eterno agradecimiento a mis padres y a mi hermana por todo el apoyo y amor que me ha permitido transitar por este duro camino y salir victorioso.

Agradezco mi esposa y a mis hijas por el amor y apoyo que me dan para continuar con mis proyectos y mis nuevos logros, además de ser mi motivo para levantarme cada mañana.

A mi cuñado César Ayala, por apoyar a mi hermana en los momentos difíciles de mi accidente. A mi familia política, mis suegros Martina Flores Lozano y Fernando Leal, quienes apoyan actualmente todos nuestros proyectos, así como a mis cuñados Wendy y Fernando Leal.

Agradezco a la familia de mi madre, pero en especialmente a mis abuelos Job Armendáriz y María Alcázar, así como a mi tía Maricela Armendáriz y a sus hijos por su apoyo y disposición para ayudarnos en momentos difíciles.

Quiero agradecer también a los policías estatales que me auxiliaron en el lugar de mi accidente en Italia, al doctor Francesco Nicosia y todo el equipo médico de cuidados intensivos por salvarme la vida, así como a todos los miembros del *staff* de enfermería que me hicieron compañía en todo momento.

También quiero reconocer a Roberto Pérez Arce y a su familia, y a sus amigos Marcelo y Paula que asistieron y ayudaron a mis padres durante su estancia en La Spezia. Además, al padre Gilberto Cáceres y la madre Elvira, por su apoyo espiritual en todas sus vistas al Hospital San Andrés.

Agradezco a los doctores Villegas, Sergio Martínez Sánchez y Francisco Treviño Treviño, por sus cuidados para mi correcta recuperación en Monterrey.

A mi familia en Oklahoma City, a mi tía Sherry Stephenson y a mi tío José Armendáriz, por la investigación sobre los profesionales que podrían atenderme, así como el apoyo de sus hijos.

A mi tía Rosa Armendáriz y mi tío Dennis Williams, por hospedarme en su hogar y llevarme diariamente a mi rehabilitación durante los cuatro meses que estuve en Oklahoma.

A todo el personal de Hanger Clinic en Oklahoma City, especialmente a mi protesista Chad Simpson, quien armó pieza por pieza lo que ahora son mi piernas. También deseo agradecer a Randy Richardson, por enseñarme que no hay obstáculo más grande que el que nosotros tenemos en la cabeza. Agradezco también la amistad de mi gran compañero Cameron Clapp.

Doy las gracias a mis amigos por no dejarme solo ni un día, por ayudarme a nunca perder de vista mi objetivo y jamás rendirme.

A mis maestros de Instituto Tecnológico y de Estudios Superiores de Monterrey (ITESM), en especial a Elvira Torres, quien me impulsó a dar mi primera conferencia. También extiendo mi gratitud a mi director de carrera, Aldo Torres Salinas, y a mi queridísimo Rector David Noel Ramírez, que siempre me apoyaron durante mi preparación profesional. Gracias también a todos mis compañeros de carrera, particularmente por esa ovación que me brindaron al recibir mi título universitario.

Agradezco a la señora Gloria Dávila y al grupo de muchachas de Monclova, que me llevaron por primera vez a dar una conferencia fuera de Monterrey y también a la señora Martha Martínez de Medrano y familia, por su confianza en mí y llevarme a dar mi testimonio a León, Guanajuato. También a la empresa Xanax de América y a su director Hernando Salinas, quien fue el primero en confiar en mí para trasmitir los valores de su compañía a sus empleados.

Además, le doy las gracias al licenciado Fernando Margaín Berlanga, por su apoyo para constituir la Fundación *Pasos que dejan huella, AC*, así como el apoyo económico que hemos recibido de Rosy Pallack.

Agradezco a toda esa gente que no conozco y que rezó por mí en el momento de mi accidente, y de igual manera a toda esas personas que se han cruzado en mi camino y me han apoyado. Agradezco a Marleni Castellanos Pérez por todo el tiempo que ayudó a mis padres en la casa. Ella me cuidó y me llevó de comer mientras estuve en cama convaleciente.

Por último, quiero agradecer al doctor César Lozano, pues gracias a una entrevista improvisada el 2 de junio de 2014, el editor de este libro me contactó.

Josafat B. González Armendáriz